群众性体育赛事
风险管理研究

汪百祥◎著

ZHEJIANG UNIVERSITY PRESS
浙江大学出版社
·杭州·

图书在版编目（CIP）数据

群众性体育赛事风险管理研究 / 汪百祥著. -- 杭州：
浙江大学出版社，2023.5
ISBN 978-7-308-23721-5

Ⅰ.①群… Ⅱ.①汪… Ⅲ.①群众体育—运动竞赛—
组织管理—风险管理—研究 Ⅳ.①G811.4

中国国家版本馆CIP数据核字（2023）第071822号

群众性体育赛事风险管理研究

汪百祥　著

责任编辑	曲　静	
责任校对	朱梦琳	
封面设计	周　灵	
出版发行	浙江大学出版社	
	（杭州天目山路148号　邮政编码：310007）	
	（网址：http://www.zjupress.com）	
排　　版	浙江大千时代文化传媒有限公司	
印　　刷	杭州宏雅印刷有限公司	
开　　本	710mm×1000mm　1/16	
印　　张	16.25	
字　　数	233千	
版 印 次	2023年5月第1版　2023年5月第1次印刷	
书　　号	ISBN 978-7-308-23721-5	
定　　价	78.00元	

前　言

群众性体育赛事是落实全民健身战略的重要内容和有力抓手，是广大群众参与健身活动、切磋运动技艺、挑战自我极限、开展社会交往的重要平台。

2014 年 10 月，国务院印发的《关于加快发展体育产业促进体育消费的若干意见》，以及同年 12 月国家体育总局印发的《关于推进体育赛事审批制度改革的若干意见》，鼓励社会力量参与体育事业，充分调动社会各方面组织和承办体育赛事的积极性，进一步简政放权，取消包括商业性和群众性体育赛事在内的全国性体育赛事审批制度。自此，我国举办的群众性体育赛事逐年增多。

2016 年 10 月，中共中央、国务院印发的《"健康中国 2030"规划纲要》将建设健康中国明确为国家战略。2019 年 8 月，国务院办公厅印发的《体育强国建设纲要》要求通过打造现代产业体系，到 2035 年形成与基本实现现代化相适应的体育发展新格局；到 2050 年体育成为中华民族伟大复兴的一个标志性事业。2019 年 9 月，国务院办公厅印发的《关于促进全民健身和体育消费推动体育产业高质量发展的意见》提出，鼓励各地采取灵活多样的市场化手段促进体育消费，丰富群众性体育赛事、优化参赛体验。在这一系列利好政策的引导下，我国群众性体育赛事迎来了蓬勃发展的新机遇，尤其以马拉松、越野跑等组织门槛相对较低、参与率较高的路跑项目最受群众喜爱。根据中国田径协会的官方数据，2014 年全国马拉松赛事仅 51 场，到 2019 年赛事量达 1828 场，群众性马拉松赛事呈几何级数增长。

与此同时，中小城市在举办各类群众性体育赛事的过程中面临新挑战和新问题。频繁曝光的赛事安全事故正是群众性体育赛事所面临挑战的具体表现，尤其在中小城市举办的各类不同性质的群众性体育赛事中更为突出。如 2021 年 5 月 22 日，在甘肃省白银市景泰县黄河石林景区举办的 2021（第四届）黄河石林越野赛期间，突遇降温、降水、大风天气，造成 21 名参赛运动员死亡和 8 人受伤。此次重大安全事故发生后，国家体育总局迅速召开"全国体育系统加强赛事安全管理"工作会议，多地即将举办的各种形式的路跑赛事也纷纷被叫停。

目前，研究群众性体育赛事风险管理的学者比较少，大部分学者关注的焦点是大型综合性体育赛事。由于我国群众性体育赛事风险管理起步较晚，体育赛事风险管理理论并不完善。随着中小城市各类群众性体育赛事的逐年增多，在举办过程中发生安全事故的频率也在不断增加，给开始繁荣的群众性体育赛事带来了负面影响，不利于群众性体育赛事的健康有序发展。中小城市群众性体育赛事在申办、筹备、举办过程中的安全问题，给我们敲响了群众性体育赛事风险管理的警钟。

本书以中小城市群众性体育赛事风险管理为研究对象，结合管理学、体育管理学、体育赛事运作管理学、风险管理学等相关学科，借鉴大型职业体育赛事风险管理的成功经验和中小城市群众性体育赛事的特点，通过梳理体育赛事风险管理相关的历史文献资料，咨询相关专家，设计调查问卷，对群众性体育赛事的定义、分类、特征进行深入的分析和研究，找出中小城市群众性体育赛事风险管理存在的问题。在此基础上，识别中小城市在举办群众性体育赛事过程中的风险源，分析、评估承办群众性体育赛事的潜在主要风险因素，制定了群众性体育赛事风险识别检查表；针对中小城市群众性体育赛事的风险因素提出应对策略，填补了我国中小城市群众性体育赛事风险管理的研究空白，拓宽了中小城市群众性体育赛事的研究视角，保障了中小城市群众性体育赛事的健康可持续发展。

本书分为以下四大部分。

　　第一部分是绪论。此部分主要阐述群众性体育赛事风险管理的研究背景、研究目的、研究意义、研究思路、研究框架和研究内容。

　　第二部分是基础理论。此部分主要涉及群众性体育赛事风险管理相关研究的基础理论部分，是对群众性体育赛事风险管理相关基础理论的梳理。群众性体育赛事是体育赛事理论的一个分支，其风险管理基础理论的相关介绍也主要围绕群众性体育赛事风险管理寻找理论依据，对相关概念进行界定。

　　第三部分是群众性体育赛事风险管理研究。此部分分为以下四章。第5章是群众性体育赛事风险管理理论，主要提出群众性体育赛事风险管理目前存在的问题。针对具体问题，对与群众性体育赛事风险相关的概念、分类、特征和原则进行界定，构建针对中小城市群众性体育赛事风险管理的框架流程（风险识别、风险评估和风险应对）。第6章是群众性体育赛事风险识别，主要对群众性体育赛事风险识别理论的概念、原则、方法、特征等进行界定，找出群众性体育赛事的风险源，识别风险因素，构建群众性体育赛事风险识别流程图，编制群众性体育赛事风险识别检查表，并总结群众性体育赛事风险识别需要注意的问题。第7章是群众性体育赛事风险评估，主要对群众性体育赛事风险评估的概念、原则、方法进行界定和梳理，系统阐述群众性体育赛事风险评估指标体系的构建思路，对群众性体育赛事风险评估的要素体系进行分析，构建群众性体育赛事风险评估流程图。第8章是群众性体育赛事风险应对，主要界定风险应对的概念、基本过程、依据、计划、策略，针对具体风险源进行具体应对策略的分析。

　　第四部分是群众性体育赛事案例分析。此部分由群众性体育赛事相关研究论文组成，具体内容如下：（1）群众性体育赛事——2021（第四届）黄河石林越野赛重大安全事故的反思；（2）我国群众性体育赛事风险评估、影响因素及路径分析；（3）我国群众性体育赛事中突发事件的法律问题思考——以2021（第四届）黄河石林越野赛为例。

　　本书的主要读者对象包括群众性体育赛事的决策者、组织者、运作者，体育主管部门的负责人和工作人员，体育赛事管理方向的科学研究者，参赛运动员、教练员、裁判员等。鉴于在中小城市群众性体育赛事参赛运动员中体育运动爱好者占大多数，我们制定了群众性体育赛事风险识别检查表，未来中小城市群众性体育赛事都可以通过这个检查表识别主要风险源。

本书在全面分析中小城市群众性体育赛事风险因素的基础上，首先识别中小城市群众性体育赛事的风险源。其次，针对中小城市分析评估其举办群众性体育赛事的潜在主要风险因素，制定群众性体育赛事风险识别检查表。最后，对中小城市群众性体育赛事的风险因素提出有针对性的应对策略，填补了我国中小城市群众性体育赛事风险管理的研究空白，拓宽了中小城市群众性体育赛事的研究视角，保障了中小城市群众性体育赛事健康可持续发展。

目 录

第一部分 绪 论

1. 问题的提出 /003

2. 研究背景 /004

3. 研究目的与意义 /007

4. 群众性体育赛事风险管理研究框架和研究内容 /009

第二部分 基础理论

体育赛事基本理论 /017

1. 体育赛事的起源与发展 /017

2. 体育赛事的概念 /020

3. 体育赛事的分类 /021

4. 现代体育赛事的特征 /023

风险管理基本理论 /027

1. 风险管理演进阶段划分 /027

2. 风险概念 /031

3. 风险的分类 /033

4. 风险管理的概念 /036

5. 风险管理的特征 /036

6. 传统风险管理与全面风险管理的对比分析 /037

7. 风险管理中常用术语解析 /038

8. 风险管理流程 /040

体育风险管理概述 /046

1. 国外体育风险管理研究综述 /046

2. 我国体育风险管理研究综述 /047

3. 我国对体育赛事风险概念的研究 /050

4. 我国对体育赛事风险特征的研究 /050

5. 我国对体育赛事风险分类的研究 /051

6. 我国对体育赛事保险风险的研究 /052

群众性体育赛事发展的历史回顾和基本理论 /056

1. 我国群众性体育赛事发展的历史回顾 /056

2. 我国群众性体育赛事相关研究综述 /062

3. 群众性体育赛事的概念 /066

4. 群众性体育赛事的分类 /067

5. 群众性体育赛事的特征 /067

6. 群众性体育赛事与职业体育赛事的区别和联系 /068

7. 群众性体育赛事的组织管理 /070

第三部分　群众性体育赛事风险管理研究

群众性体育赛事风险管理理论　/085

1. 群众性体育赛事风险管理目前存在的问题　/085

2. 群众性体育赛事风险的概念　/088

3. 群众性体育赛事风险的特征　/089

4. 群众性体育赛事风险的类型　/091

5. 群众性体育赛事风险管理的概念　/095

6. 群众性体育赛事风险管理的特征　/095

7. 群众性体育赛事风险管理的原则　/096

8. 群众性体育赛事风险管理的流程　/097

群众性体育赛事风险识别　/100

1. 群众性体育赛事风险识别的理论综述　/100

2. 群众性体育赛事风险识别的概念　/102

3. 群众性体育赛事风险识别的原则　/102

4. 群众性体育赛事风险识别的方法　/104

5. 群众性体育赛事风险识别的特征　/106

6. 群众性体育赛事风险识别　/107

7. 编制群众性体育赛事风险识别检查表　/114

8. 我国群众性体育赛事风险识别需要注意的问题　/119

群众性体育赛事风险评估　/123

1. 群众性体育赛事风险评估的理论概述　/123

2. 群众性体育赛事风险评估的概念　/125

3. 群众性体育赛事风险评估的基本原则　/125

4. 群众性体育赛事风险评估的方法　/126

5. 群众性体育赛事风险评估指标体系的构建思路　/129

6. 群众性体育赛事风险评估的要素体系分析　/131

7. 群众性体育赛事风险评估流程图　/133

群众性体育赛事风险应对　/137

1. 群众性体育赛事风险应对的概念　/137

2. 群众性体育赛事风险应对的基本流程　/137

3. 群众性体育赛事风险应对的策略　/139

4. 群众性体育赛事风险的具体应对策略　/141

第四部分　群众性体育赛事案例分析

案例1：群众性体育赛事——2021（第四届）黄河石林越野赛重大安全事故的反思　/151

1. 研究背景　/151

2. 越野跑的概念　/152

3. 越野跑赛事的起源与发展　/153

4. 黄河石林越野赛赛事发展现状分析　/154

5. 2021（第四届）黄河石林越野赛重大安全事故的原因分析　/158

6. 相关政策文件分析　/160

7. 结论与建议　/162

案例2：我国群众性体育赛事风险评估、影响因素及路径分析　/168

1. 引言　/169

2. 群众性体育赛事风险评估的理论概述　/171

3. 调查方案的实施与确立　/175

4. 群众性体育赛事风险评估的调查分析　/179

5. 基于主成分分析的群众性体育赛事风险评估的方法　/192

6. 基于回归分析的群众性体育赛事风险研究　/198

7. 基于 SEM 的群众性体育赛事风险影响路径分析　/205

8. 结论与建议　/212

案例 3：我国群众性体育赛事中突发事件的法律问题思考——以 2021（第四届）黄河石林越野赛为例　/216

1. 研究背景　/216

2. 群众性体育赛事和突发性事件及风险的界定　/217

3. 我国群众性体育赛事突发事件介绍　/218

4. 群众性体育赛事突发性事件中法律问题的理论依据　/220

5. 群众性体育赛事突发事件应对法律规制的现状检视　/222

6. 群众性体育赛事突发事件应对制度的法律思考　/225

7. 结语　/229

附件 1　体育赛事活动管理办法　/231

附件 2　群众性体育赛事风险识别检查表　/240

附件 3　群众性体育赛事风险评估调查问卷　/244

第一部分

绪　论

1. 问题的提出

群众性体育赛事是落实全民健身战略的重要内容和有力抓手，是广大群众参与健身活动、切磋运动技艺、挑战自我极限、开展社会交往的重要平台。一个城市或地区群众性体育赛事的成功举办能够很好地带动当地文化、经济的发展。

2014 年 10 月，国务院印发的《关于加快发展体育产业促进体育消费的若干意见》[1]明确取消群众性体育赛事审批制度。审批制度改革对于落实政社分开、管办分离，加快群众性体育赛事管理制度改革、简化群众性体育赛事办赛程序、吸引社会资本承办各类体育赛事发挥了巨大的推动作用。

近年来，我国群众性体育赛事办赛数量呈显著上升趋势，尤其是中小城市对举办群众性体育赛事的积极性越来越高，赛事规模也越来越大。各类群众性体育赛事为中小城市带来良好社会效益和经济效益的同时，也伴随着各种各样的风险管理因素。

2021 年 5 月 22 日，在甘肃省白银市景泰县举办的 2021（第四届）黄河石林越野赛期间，突遇降温、降水、冰雹、大风等天气，造成 21 名参赛运动员死亡和 8 人受伤的重大安全突发事故[2]，给我们敲响了中小城市群众性体育赛事组织风险管理的警钟。此次事件提醒我们，中小城市群众性体育赛事的利益与风险是并存的。对于体育工作者来说，在警醒和悲痛之余，我们更应探究和思考此次重大事件背后存在的深层次问题。

由于我国群众性体育赛事风险管理起步较晚，体育赛事风险管理理论并不完善。随着中小城市各类群众性体育赛事的逐年增多，在举办过程中发生安全事故的频率也在不断增加，对赛事决策者、组织者、承办者、参赛运动员、教练员、裁判员和观众等造成了财产损失和人身伤害，也给开始繁荣的群众性体育赛事带来了负面影响，不利于群众性体育赛事健康有序的发展。

如何在中小城市举办群众性体育赛事的过程中提前做好风险预案工作，在风险发生时及时应对，确保赛事安全有序进行，是我们体育工作者面临的重大研究课题。

2. 研究背景

2.1 群众性体育赛事风险管理遇到新问题

我国体育领域正在进行深化改革和全面转型升级，在从体育大国向体育强国迈进的道路上，群众性体育赛事活动会越来越受欢迎。

2010年3月，国务院办公厅印发的《关于加快发展体育产业的指导意见》指出，加快发展体育产业，对提高群众生活质量和促进我国由体育大国向体育强国的转变具有重要意义。

2014年10月，国务院印发《关于加快发展体育产业促进体育消费的若干意见》，将全民健身计划上升为国家战略，并指出各级各部门要积极引导加快体育强国建设，不断满足人民群众日益增长的体育需求。同时，意见要求全面清理不利于体育产业发展的有关规定，取消商业性和群众性体育赛事审批制度，加快全国综合性和单项体育赛事管理制度改革，公开赛事举办目录，通过市场机制积极引入社会资本承办赛事；推行政社分开、政企分开、管办分离，加快推进体育行业协会与行政机关脱钩，将适合由体育社会组织提供的公共服务和解决事项，交由体育社会组织承担。自此，我国群众性体育赛事逐年增多，尤其以马拉松、越野跑等组织门槛相对较低、参与人数较多、参与普及率较高的路跑项目最受群众喜爱。根据中国田径协会的官方数据，2010年全国共举办马拉松赛事13场，2014年全国共举办马拉松赛事51场。据中国田径协会发布的《2019中国马拉松年度报告》统计，2019年马拉松赛事量达1828场。[3]虽然我国的群众性马拉松赛事已呈几何级数增长，但与群众性体育赛事发展比较好的国家相比，我国的群众性体育赛事在赛事规模和赛事举办频率方面还有很大的提升空间。

2016 年 10 月，中共中央、国务院印发的《"健康中国 2030"规划纲要》[4]将建设健康中国明确为国家战略，并提出推动全民健身生活化，发展群众健身休闲活动，丰富和完善全民健身体系；大力发展群众喜闻乐见的运动项目，鼓励开发适合不同人群、不同地域特点的特色运动项目，进一步优化市场环境，引导社会力量参与健身休闲设施的建设运作，推动体育项目协会改革和体育场馆资源所有权、经营权分离改革，加快开放体育资源，创新健身休闲运动项目推广普及方式，进一步健全政府购买体育公共服务的体制机制，打造健身休闲综合服务体，以及具有区域特色的健身休闲示范区、健身休闲产业带。2019 年 8 月，国务院办公厅印发的《体育强国建设纲要》[5]要求，通过打造现代产业体系、激发市场主体活力、扩大体育消费、加强体育市场监管等，培育经济转型新动能，使体育产业成为国民经济的支柱性产业；到 2035 年，形成政府主导有力、社会规范有序、市场充满活力、人民积极参与、社会组织健康发展、公共服务完善、与基本实现现代化相适应的体育发展新格局，体育治理体系和治理能力实现现代化；到 2050 年，全面建成社会主义现代化体育强国，体育成为中华民族伟大复兴的一个标志性事业。2019 年 9 月，国务院办公厅印发的《关于促进全民健身和体育消费推动体育产业高质量发展的意见》[6]提出，鼓励各地采取灵活多样的市场化手段促进体育消费，丰富全民健身赛事活动，优化参赛体验。在这一系列利好政策的引导下，我国群众性体育赛事迎来了蓬勃发展的新机遇。同时，中小城市在举办各类群众性体育赛事的过程中也面临新挑战和新问题。

频繁曝光的赛事安全事故正是群众性体育赛事所面临挑战的具体表现，尤其在中小城市举办的各类不同性质的群众性体育比赛中更为突出。如2021（第四届）黄河石林越野赛重大安全事故发生后，国家体育总局迅速召开"全国体育系统加强赛事安全管理"工作会议；人民日报等多家媒体对群众性体育赛事如马拉松、越野跑等路跑赛事的"野蛮"生长"泼冷水"，多地即将举办的各种形式的路跑赛事也纷纷被叫停。这一事故发生的原因既有突发恶劣天气的客观因素，也有赛事组织者组织松散、管理不严、监督不力、多主体协同不足等主观因素。如何避免中小城市群众性体育赛事在申办、筹备、举办过程中发生安全问题，已成为赛事组织者必须面对的首要问题。

2.2 群众性体育赛事风险管理无法满足市场化需求

群众性体育赛事属于体育产业范畴，关联效应强，群众性体育赛事商业化、市场化运作已是大势所趋。在中小城市举办群众性体育赛事，如果市场化运作失败将会给举办城市或地区带来不可估量的负面影响，也会给赛事组织者带来重大经济损失。2021（第四届）黄河石林越野赛重大安全事故的发生，给举办地甘肃白银市的城市形象、旅游业、各类体育赛事的举办都带来了不小的负面影响。从此次重大伤亡事故的发生来看，我国中小城市群众性体育赛事在风险管理这一领域仍处于起步阶段。

由于中小城市群众性体育赛事风险管理的滞后，使得群众性体育赛事风险管理水平和管理能力没有及时跟上商业化、市场化运作的现实需求。因此，群众性体育赛事组织者对各种复杂风险的赛前评估、赛中规避和应对、赛后救济要做到科学化和体系化，及时补短板以满足市场化管理的要求。

2.3 群众性体育赛事风险管理相关研究滞后

我国举办体育赛事有稳定的社会环境、丰厚的文化底蕴、得天独厚的自然资源。但有关中小城市群众性体育赛事风险管理理论方面的研究明显滞后于大型职业体育赛事风险管理理论。在众多学者的相关研究中，多是对大型职业体育赛事风险管理基础理论的研究，案例分析主要集中在奥运会、亚运会、全运会等大型体育赛事，其研究成果对大型综合性职业体育赛事风险管理具有指导意义，但对我国中小城市群众性体育赛事风险管理的指导作用有限、针对性不足。尤其在中小城市开展的门槛相对较低的各类群众性体育赛事中，赛事组织者对待风险更多的是勉强应对而非提前预防。即便是较为成熟的赛事公司也基本上停留在已有的成功举办赛事的经验基础上的"千赛一法"的"粗放式"风险组织管理阶段，并未形成规范的风险管理操作体系，导致中小城市群众性体育赛事安全事故频发。

因此，我们通过对中小城市群众性体育赛事活动进行有针对性的风险管理研究，建立中小城市群众性体育赛事风险管理理论，填补中小城市群众性体育赛事风险管理的研究空白，对于引导我国群众性体育事业持续、稳定、健康、有序的发展具有重要意义。

3. 研究目的与意义

3.1 研究目的

首先，本书以中小城市群众性体育赛事风险管理为研究对象，结合管理学、体育管理学、体育赛事运作管理学、风险管理学等相关学科，借鉴大型职业体育赛事风险管理的成功经验和中小城市群众性体育赛事的特点，通过梳理与体育赛事风险管理相关的历史文献资料，咨询相关专家，设计调查问卷，对群众性体育赛事的定义、分类、特征进行深入的分析和研究，找出中小城市群众性体育赛事风险管理存在的问题。

其次，在全面分析中小城市群众性体育赛事风险因素的基础上，识别中小城市群众性体育赛事的风险源。基于此，针对中小城市分析、评估其举办群众性体育赛事的潜在主要风险因素，制定群众性体育赛事风险识别检查表。

最后，对中小城市群众性体育赛事风险因素提出有针对性的应对策略，填补我国中小城市群众性体育赛事风险管理的研究空白，拓宽体育赛事研究视角，保障中小城市群众性体育赛事健康可持续发展。

3.2 研究意义

3.2.1 拓宽我国体育赛事风险管理内容，丰富体育赛事研究视角

虽然我国成功举办了一系列大型综合性职业体育赛事，如 2008 年北京奥运会、2022 年北京冬奥会、亚运会、世界大学生运动会、全运会等，赛事举办的理念、组织、设施等无不体现我国大型体育赛事风险管理的水平和质量，但在中小城市群众性体育赛事风险管理方面却存在很大问题。如

2021（第四届）黄河石林越野赛重大安全事故的发生，其根源就是赛事组织者应急预案不完善、风险管理意识淡薄且麻痹大意。随着我国群众性体育赛事的不断增多，中小城市各类群众性体育赛事风险管理方面的问题也会越来越突出。为了使中小城市群众性体育赛事健康、良性、可持续发展，本书在体育赛事风险管理研究的基础上针对中小城市群众性体育赛事风险管理进行研究，是对体育赛事风险管理研究的拓宽和丰富。

3.2.2 提高我国中小城市群众性体育赛事风险管理水平

随着我国经济社会的发展，地方政府、社会各界对举办群众性体育赛事表现出空前的热情。据统计，我国每年举办各级各类群众性体育赛事近千次，在中小城市举办的各类门槛相对较低的马拉松赛事、越野跑赛事的数量更是逐年增加，这就需要我们体育工作者思考中小城市群众性体育赛事风险管理问题。

群众性体育赛事风险管理是赛事组织者对整个赛事申办、筹备、举办、结束等过程中可能出现的风险进行识别、分析、归类、评估，并做好积极应对的系统工程。本书把现代风险管理理论与方法引入我国群众性体育赛事风险管理，针对中小城市群众性体育赛事的特点，初步构建中小城市群众性体育赛事风险识别、风险评估以及风险应对的理论和方法，对以往中小城市群众性体育赛事风险管理研究不够系统、理论较少的现象进行基础理论的弥补，为中小城市群众性体育赛事风险管理的操作实践提供理论和数据参考，同时提升我国中小城市群众性体育赛事风险管理的水平。

3.2.3 有利于保障我国中小城市群众性体育赛事的可持续发展

随着我国体育领域的深化改革和群众性体育赛事的市场化运作，群众性体育赛事呈现爆发式增长。同时，中小城市群众性体育赛事也暴露出诸多风险管理的新问题。对中小城市群众性体育赛事风险管理进行有针对性的研究有利于了解和掌握群众性体育赛事风险的来源、性质和发生规律；有利于更好地加强群众性体育赛事的风险防范意识，进行有效的群众性体育赛事风险管理；有利于对群众性体育赛事组织管理中的风险和干扰因素进行控制，避免或减少损失。同时，也为体育管理部门、赛事组织者、裁判员、教练员、参赛运动员等相关人员提供赛事风险知识普及和决策的理论支持，对推动我国群众性体育赛事安全、健康、稳定、可持续发展具有重要的现实意义和理论价值。

4. 群众性体育赛事风险管理研究框架和研究内容

4.1 群众性体育赛事风险管理研究框架

群众性体育赛事风险管理目前还没有完整的理论框架和体系。为了构建较为科学完整的风险管理理论与方法体系，首先，本书对群众性体育赛事的定义、分类、特征等问题进行深入研究，重点阐述群众性体育赛事风险管理存在的问题，构建群众性体育赛事风险识别、风险评估、风险应对的指标、原则和方法。其次，通过概念的界定，寻找中小城市群众性体育赛事的风险源，基于调查问卷和相关学者、专家的分析，形成针对中小城市群众性体育赛事的群众性体育赛事风险识别检查表。最后，针对中小城市群众性体育赛事的风险因素，提出具体的应对策略，形成一套较为科学、合理的中小城市群众性体育赛事风险管理理论与方法体系（见图1–1）。

4.2 群众性体育赛事风险管理研究内容

本书分为以下四大部分。

4.2.1 绪论

此部分主要阐述群众性体育赛事风险管理的研究背景、研究目的、研究意义、研究思路、研究框架和研究内容。

4.2.2 基础理论

此部分主要涉及与群众性体育赛事风险管理研究相关的基础理论，是对群众性体育赛事风险管理相关基础理论的梳理。群众性体育赛事是体育赛事理论的一个分支，其风险管理基础理论的相关介绍也主要围绕群众性体育赛事风险管理寻找理论依据，并对相关概念进行了界定。

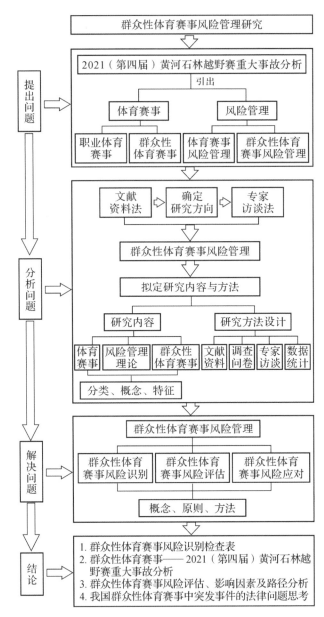

图 1-1　群众性体育赛事风险管理研究框架

体育赛事基本理论。主要通过梳理体育赛事的起源，划分其发展阶段，界定现代体育赛事的概念、分类、特征。

风险管理的基本理论。主要介绍风险管理的发展演进，风险概念、风险构成要素、风险分类、风险管理概念、风险特征和风险流程框架。

我国体育风险管理研究综述。主要通过文献综述，了解我国学者在体育风险管理研究方面的进展、方法，找出本书的研究方向。

我国群众性体育赛事基本理论。主要通过对我国群众性体育赛事发展的历史回顾和理论综述，界定群众性体育赛事的概念、特征和分类，明确群众性体育赛事和职业体育赛事之间的区别与联系，以及群众性体育赛事组织运作管理过程中需要完成的相关工作流程。

4.2.3 群众性体育赛事风险管理研究

此部分分为以下内容。

群众性体育赛事风险管理基本理论。主要提出群众性体育赛事风险管理目前存在的问题，针对具体问题，对群众性体育赛事风险管理相关的概念、分类、特征和原则进行界定，构建针对中小城市群众性体育赛事风险管理的框架流程（风险识别、风险评估和风险应对）。

群众性体育赛事风险识别。主要对群众性体育赛事风险识别理论的概念、原则、方法、特征等方面进行界定，找出群众性体育赛事的风险源，识别风险因素，构建群众性体育赛事风险识别流程图，编制群众性体育赛事风险识别检查表，总结群众性体育赛事风险识别需要注意的问题。

群众性体育赛事风险评估。主要对群众性体育赛事风险评估的概念、原则、方法进行界定和梳理，系统阐述群众性体育赛事风险评估指标体系的构建思路，对群众性体育赛事风险评估的要素体系进行分析，形成群众性体育赛事风险评估流程图。

群众性体育赛事风险应对。主要界定风险应对的概念、基本过程、依据、计划、策略，针对具体风险源进行有针对性的具体应对策略分析。

4.2.4　群众性体育赛事案例分析

此部分由群众性体育赛事相关研究论文组成，具体内容如下：

（1）群众性体育赛事——2021（第四届）黄河石林越野赛重大安全事故的反思；

（2）我国群众性体育赛事风险评估、影响因素及路径分析；

（3）我国群众性体育赛事中突发事件的法律问题思考——以 2021（第四届）黄河石林越野赛为例。

参考文献

[1] 国务院 . 关于加快发展体育产业促进体育消费的若干意见 [EB/OL].(2014-10-20)[2021-06-23].http://www.gov.cn/zhengce/zhengceku/2014-10/20/content_9152.htm.

[2] 甘肃省委省政府联合调查组 . 白银景泰"5.22"黄河石林百公里越野赛公共安全责任事件调查报告 [EB/OL].(2021-06-25)[2021-11-12].http://www.gansu.gov.cn/gsszf/c100002/c100010/202107/1643566.shtml.

[3] 中国田径协会 .2019 中国马拉松年度报告 [EB/OL].(2020-05-20)[2021-11-13]. https://www.athletics.org.cn/news/marathon/2020/0520/346440.html.

[4] 中共中央 , 国务院 . "健康中国 2030"规划纲要 [EB/OL].(2016-10-25)[2021-05-12].http://www.gov.cn/gongbao/content/2016/content_5133024.htm.

[5] 国务院办公厅 . 关于印发体育强国建设纲要的通知 [EB/OL].(2019-09-02)[2021-05-12].http://www.gov.cn/zhengce/zhengceku/2019-09/02/content_5426485.htm.

[6] 国务院办公厅 . 关于促进全民健身和体育消费推动体育产业高质量发展的意见 [EB/OL].(2019-09-17)[2021-05-13].http://www.gov.cn/zhengce/zhengceku/2019-09/17/content_5430555.htm.

第二部分
基础理论

体育赛事基本理论

1. 体育赛事的起源与发展

体育赛事是随着社会生产力的发展形成并发展起来的。在漫长的发展过程中，受不同文化、政治、经济、地域环境等因素影响，体育赛事的功能、形式、内容以及赛事组织管理等方面都在不断发生变化。从形式上看，体育赛事最早起源于祭祀活动和游戏，在逐渐演变的过程中开始制定某些"限制性"规则，并不断改革规则，最终以体育赛事的形式呈现。因此，我们把体育赛事的发展按照其表现形式划分为 3 个阶段：古代体育赛事、传统体育赛事和现代体育赛事（见图 2-1）。

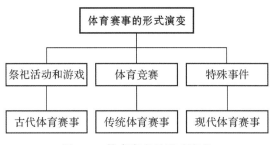

图 2-1 体育赛事的形式演变

1.1 古代体育赛事——祭祀活动和游戏

古代体育赛事的产生最初是以祭祀活动或游戏的形式出现。古代体育赛事活动伴随着人类文明的进步而不断变化和发展。

公元前 8 世纪，古希腊诗人荷马在其所著史诗《伊利亚特》中曾说，阿喀琉斯为了纪念在特洛伊战争中死亡的朋友帕特洛克罗斯，特别举行了一场"体育竞赛"。这是有关体育赛事最早的记载。[1] 也有相关传说讲到希腊人民厌恶连年不断的城邦战争，渴望得到和平，希望在大型活动或宗教祭祀举办期间，以神的名义休战，达到减少战争、摆脱战争灾难的目的。这也属于最早的体育赛事形式之一。但大多数学者认为，体育赛事起源于公元前 776 年的奥运会。古代奥运会的产生与当时希腊社会的政治、经济、文化和宗教活动有着密切的关系。但现代体育竞技运动项目则更多的是从民间游戏或与现代体育相关的游戏演化而来。如篮球运动项目来源于儿童扔桃子活动，某地盛产桃子，孩子们喜欢捡拾掉落在地上的桃子并投入桃篮中。马萨诸塞州斯普林菲尔德市基督教青年会训练学校的体育教师奈史密斯从儿童用桃子向桃篮投掷的游戏中得到启发，设计将两个装桃子的篮子分别钉在健身房内看台的栏杆上，篮子的敞口水平向上，距离地面约 3 米，以足球为比赛工具向桃篮内投掷，入篮者得 1 分，按得分多少决定胜负。[2] 随着这项游戏的普及，因其最初使用的是装桃子的篮子，遂将其取名为"篮球"。又如我们熟悉的乒乓球运动项目，也是由游戏演化而来并逐渐有了相关规则，然后推广为现代奥运会的比赛项目之一。

综上分析得出：古代体育赛事伴随祭祀活动和游戏逐渐演变而发展。在漫长的演变过程中，逐渐具有了"体育赛事"的雏形。古代奥运会的产生是古代体育赛事起源的一个重要标志，各个运动项目的产生一般都以游戏为最初表现形式。在这个阶段，各个项目的比赛规则还不完善，内容较为简单。但不可否认的是，祭祀活动和游戏为古代体育赛事的进一步演进和发展打下了坚实的基础。

1.2 传统体育赛事——体育竞赛

古代体育赛事从祭祀活动和游戏逐步过渡到具有一定规模的体育竞赛，我们把这一时期称为传统体育赛事的发展阶段。

各种游戏项目由于趣味性较强，受到人们的喜爱，逐渐传入世界各地。人们在玩游戏的过程中，不断充实游戏的内容，制定一些限制性的规则，并不断改革游戏的比赛方式。

体育竞赛与体育游戏最大的区别在于，体育竞赛的规则和方法更加合理。如王嵘海、刘爱华[3]认为："体育竞赛是在规则的统一规定下，采用公平合理的竞赛方法，运用人的体能、智慧及所掌握的从事该项运动的技、战术能力，按特定的形式进行，比较位移速度的快与慢、投掷物体和跨越距离的远与近、越过高度的高与低、举起重量的大与小，以及在直接对抗或间接对抗的情况下完成动作质量的优与劣、准确度的精与误、最后得分的多与少等竞技活动的过程。"需要指出的是，传统形式的体育赛事一般由参赛活动人群、场地物质条件以及比赛组织管理等3个基本系统组成[4]，对于体育竞赛所涉及的赛场之外的因素并不太关注。当然，这一点也是有客观原因的——当时的体育竞赛并未推向市场。

1.3 现代体育赛事——特殊事件

1984年，尤伯罗斯成功地将商业行为引入第23届洛杉矶奥运会，体育赛事的内涵和外延由此发生了很大变化。原有"运动竞赛"的概念被打破，各种形式的体育赛事在世界范围内蓬勃发展，并对全球政治、经济、社会、文化等各个领域的发展产生了积极影响。因此，我们把这一时期称为现代体育赛事的开始阶段。

此时，体育赛事已经具备了以下特征：（1）具有潜在的市场前景；（2）规则、习俗和传统影响赛事本身；（3）共同的组织文化背景引导和联结参与者和观众；（4）存在计划、组织、训练和降低风险等实施行为；（5）提供多种多样的服务产品，要求有不同水平的管理者和参与者。

现代体育赛事再也不是纯粹由参赛运动员、教练员、裁判员参与的活动，赞助商、观众、媒体等其他主体也纷纷加入体育赛事。现代体育赛事的目的和目标也越来越多样化，并受政治、经济、举办地文化的影响和商业利益的驱动，市场营销在体育赛事中的地位和价值也越来越突出。现代体育赛事已经发展成集政治、经济、社会、文化等多种因素于一体的复杂、综合的"特殊活动"。也正因为体育赛事的上述特征，国外很多学者将其纳入了特殊事件的范畴，我国也有诸多学者赞成这一观点。

2.体育赛事的概念

目前，国内关于体育赛事的定义并没有达成一致共识。体育赛事的概念从"运动竞赛"演变而来，因此要对体育赛事进行定义，首先需要弄清"运动竞赛"的概念。

刘建和等[5]提出："运动竞赛是人类的一种实践活动，它是一个特殊的过程，有明确的目的性、鲜明的竞技性特征、完善的规则和一整套竞赛办法及决定竞赛胜负的'法律依据'。"《运动竞赛学》编写组在《运动竞赛学》[6]一书中指出："运动竞赛是在裁判员的主持下，依据统一的规则而组织实施的运动员个体或运动队之间的竞技较量。"田麦久[7]认为，运动竞赛是指"在裁判员的主持下，按统一的规则要求，组织与实施的运动员个体或运动队之间的竞技较量"。从以上学者和著作对运动竞赛的定义来看，体育赛事的定义还只停留在竞技体育比赛的层面，未能反映当今体育运动竞赛的时代特征。

随着1984年美国第23届洛杉矶奥运会开创市场营销盈利纪录以来，原有"运动竞赛"的概念被打破。很多学者开始从项目管理学的角度出发将其定义为"体育赛事"。如程绍同[8]认为："体育赛事是特定的组织团体依其本身举办之目的，通过科学化的管理与筹备过程，在特定的时间与地点，召集运动竞技活动的相关人员（运动员、教练员、裁判员、工作人员和观众等）及团体（运动组织、运动器材供应商、媒体、赞助商等）共同参与所形成的综合性集会。"黄海燕[9]认为："体育赛事是由特定的组织团体，通过有计划地筹备、营造、管理等，在特定的时间、地点集合个人或团队，以达成预期目标和宗旨，并依循各种运动规则举行比赛，各种单项的运动比赛和综合性运动会皆涵盖其中。"

国外学者对体育赛事的认识与国内学者有所不同，他们普遍将体育赛事纳入特殊事件范畴，并从特殊事件的视角出发认识体育赛事。特殊事件范围广泛，包括宗教典礼、传统仪式、体育赛事、文艺表演、宴会、展览等各种形式，而体育赛事则是特殊事件中一种很重要的组织形式。国际上还有专门的事件管理科学协会和网站，如国际节日和事件协会（IFEA）。[10]基于此，部分国内学者对体育赛事的定义也开始从特殊事件的视角出发进行了深入探讨。

叶庆晖[11]认为："体育赛事是一种提供竞赛产品和相关服务产品的特殊事件，其规模和形式受竞赛规则、传统习俗和多种因素的制约，具有项目管理特征、组织文化背景和市场潜力，能够迎合不同参与体分享经历的需求，达成多种目的与目标，对社会和文化、政治和经济、自然和环境等多个领域产生冲击与影响，能够产生显著的社会效益、经济效益和综合效益。"黄海燕等[12]认为："大型单项体育赛事是指具有国际知名度，受城市公共资源约束又反过来影响城市资源，以提供单一体育运动项目竞赛产品和相关服务的特殊事件。"

通过以上对体育赛事概念的分析和梳理，从现有关于体育赛事的定义来看，随着人们对体育赛事认识的逐步深入，体育赛事的定义越来越科学。

本书将现代体育赛事定义为以体育竞技为主线，一次性或不经常发生，且具有一定期限的集众性活动。它不仅能够推动举办城市或地区旅游业的发展，还能够提升举办城市或地区的知名度，改善城市形象，对举办城市或地区的社会、经济、文化、环境等诸多领域产生较大影响。

3. 体育赛事的分类

体育赛事的分类标准和原则有很多，根据不同的研究需要，可以对体育赛事进行不同的分类。如周进强、吴寿章[13]按照分级分类的原则，将体育赛事分为全国性体育比赛与地方性体育比赛、综合性体育比赛与单项体育比赛、国际比赛与国内比赛、职业性与半职业性商业比赛、成年人比赛与青少年比赛、社会比赛与业余比赛、计划内比赛与辅助性比赛，等等。还有学者按照体育赛事的市场化形式把体育赛事分为四大类：一是职业性质的比赛；二是全国综合性运动会；三是全国性的单项比赛；四是单独运作的商业赛事。张江南、唐宏贵[14]从体育赛事的功能和运动水平角度出发，将体育赛事分为群众性体育竞赛和高水平体育竞赛；陈锡尧、吴惠明[15]根据国际性重大体育赛事的来源将国际性重大体育赛事分为3种：大型综合性体育赛事、世界单项组织的重要赛事、跨国公司或知名大企业操办的传统性体育赛事；姚颂平等[16]也从两个视角出发对国际体育赛事进行了类别划分：一是按照项目设置特征，将国际体育赛事分为综合性运动会和重要单项体育赛事；二是按照赛事组织形式的特征，将重大单项体育赛事分为3个亚类：第一类是"赛会制"体育赛事，第二类是"分站累计制"体育赛事，第三类是"主客场制"体育赛事。叶庆晖[17]借鉴了上述分类原则，将体育赛事分为超大型体育赛事、大型体育赛事和一般体育赛事。

从以上关于体育赛事的分类中可以看出，体育赛事分类的标准和原则有很多，学者们都是根据自己不同的研究需要，对体育赛事进行不同的分类。

本书根据我国体育赛事的功能和参赛主体的鲜明特点，将我国的体育赛事分为职业性体育赛事和群众性体育赛事两大类。职业性体育赛事旨在追求更高、更快、更强，突破人类极限，获取最优异的运动成绩，夺取比赛的最终胜利，如奥运会、世界杯、职业联赛等职业运动员参加竞技的比赛。群众性体育赛事则淡化了比赛的竞技性，注重赛后人们对于体育的感知和比赛的健身价值。其以普及率高的项目为主，是以引导群众积极参与体育活动、享受体育活动的乐趣、丰富群众的体育文化生活、使其养成终身锻炼的习惯为主要目的而展开的一系列体育竞技活动。群众性体育赛事比赛获得的奖金和荣誉也远远低于职业性体育赛事。

4. 现代体育赛事的特征

4.1 现代体育赛事的聚集性特征

当前，理解和掌控注意力已经成为获得商业成功至关重要的因素。美国学者达文波特和贝克[18]将这种新出现的经济形式称为注意力经济。现代体育赛事具有高度的聚集性特征，从传播影响方式和观众参与的角度来看，体育赛事是一种吸引眼球的经济，一种注意力产业。在体育赛事举办期间，大量的人流、物流、信息流和资金流会在一个固定的时间和空间里聚集，形成特有的集合效应。

体育赛事在短时期内的这种集合效应是现代体育赛事对举办地产生综合影响的根源。需要指出的是，现代体育赛事的集合效应也有两面性：如果这种集合效应在赛事举办地所能承受的限度之内，则其表现为聚集经济；而如果超出了赛事举办地所能承受的限度，达到了难以容纳的程度，则其反向发展为聚集不经济。此时，体育赛事就会给举办地带来很多负面影响。

4.2 现代体育赛事体的体验性特征

现代体育赛事是一种"体验经济"已成为各界的共识，经济学家派恩和吉尔摩[19]指出，"所谓体验就是指人们用一种从本质上说以个人化的方式来度过一段时间，并从中获得过程中呈现出的一系列可回忆的事件"。

在体育赛事现场，大家不是为赛事纪念品付账，而是为自己的愉快买单，为体验某种参与感而付出。对于体育赛事的消费者来说，现代体育赛事消费是一种娱乐消费，一种诉诸服务业的体验经济方式，一种文化体验产业。现代体育赛事的体验性特征有着极强的相互感染、相互交流、相互激发和情感宣泄的功效。现代体育赛事的这一特征，使得很多体育运动迷对观看高水平的体育赛事乐此不疲，这也是现代体育赛事给举办地的旅游业和与之相关的产业带来新消费的关键所在。

4.3 现代体育赛事的外部性特征

现代体育赛事的外部性特征主要表现为正外部性，其是指赛事项目运作主体利益与社会利益之间相偏离的现象。首先，这种外部性特征体现在对其他相关产业的拉动效应上。现代体育赛事作为一种经济现象，可以以产业链的形式影响其他相关产业，从而产生巨大的间接收益。其次，现代体育赛事是一种无国界限制、无种族歧视的活动。大型体育赛事的成功举办能够在很大程度上提高举办城市或地区的知名度，可以通过体育赛事的形式，让更多的人了解不同民族的文化。最后，现代体育赛事作为一种文化活动，能够极大地丰富举办地居民的业余生活。一个国家或城市举办大型体育赛事，就和举办盛大节庆活动一样，通过人员、文化的交流，丰富举办城市或地区的文化。当然，现代体育赛事的举办也会产生负面影响。如赛事举办期间各种管控措施不到位，人员增加太多导致交通堵塞、环境污染等问题，应该引起学者和政策制定者的足够重视。[20]

4.4 现代体育赛事的综合性特征

举办体育赛事尤其是大型体育赛事，对举办地来说，就是一种综合性的经济活动。现代体育赛事的举办涉及政治、经济、文化、社会等各方关联主体，其是人流、物流、信息流和资金流的大汇集，影响举办城市或地区的旅游业，带动住宿、餐饮、交通等多个行业的协同运作。

参考文献

[1] 肖林鹏，叶庆辉．体育赛事项目管理 [M]．北京：北京体育大学出版社，2005：121-123．

[2] 周建林．球类运动体育教程 [M]．南京：南京师范大学出版社，2006：1-2．

[3] 王嵊海，刘爱华．球类竞赛理论与方法 [M]．北京：中国农业科学技术出版社，2005：1-2．

[4] 肖林鹏，叶庆辉．体育赛事项目管理 [M]．北京：北京体育大学出版社，2005：53-54．

[5] 刘建和，等．运动竞赛学 [M]．成都：四川教育出版社，1990：3．

[6]《运动竞赛学》编写组．运动竞赛学 [M]．北京：北京体育大学出版社，1994：1．

[7] 田麦久．运动训练学 [M]．北京：人民体育出版社，2000：2．

[8] 程绍同．运动赛会管理：理论与实务 [M]．台北：扬智文化，2004：12-18．

[9] 黄海燕．体育赛事综合影响的事前评估研究 [D]．上海：上海体育学院，2009．

[10]Watt D C.Event management[M]//Wesley A. Leisure and tourism. Longman Limited, 1998: 2.

[11] 叶庆晖．体育赛事运作研究 [D]．北京：北京体育大学，2003：15-16．

[12] 黄海燕，张林，李南筑．上海大型单项体育赛事运营中政府作用之研究 [J]．体育科学，2007，27（2）：17-25．

[13] 周进强，吴寿章．中国体育赛事活动市场化发展道路的回顾与展望 [J]．体育文化导刊，2001（6）：10．

[14] 张江南，唐宏贵．对我国未来竞技体育管理体制与赛制的研究 [J]．武汉体育学院学报，1999，33（2）：8-12．

[15] 陈锡尧，吴惠明．对当今国际性重大体育赛事的价值认识及其发展趋势的研究 [J]．体育科研，2003（4）：25-27．

[16] 姚颂平，沈建华，刘志明，等．国际体育大赛与大城市发展的关系之研

究 [C]. 国家社会科学研究基金项目，2003：17-18.

[17] 叶庆晖. 体育赛事运作研究 [D]. 北京：北京体育大学，2003：21-24.

[18] 托马斯·达文波特，约翰·贝克. 注意力经济 [M].2 版. 谢波峰，等译. 北京：中信出版社，2004：37-43.

[19] 约瑟夫·派恩，詹姆斯·吉尔摩. 体验经济 [M]. 毕崇毅，译. 北京：机械工业出版社，2008：135-137.

[20] 黄海燕，张林，李南筑. 大型体育赛事的正外部性及其内在化途径 [J]. 上海体育学院学报，2007（1）：23-29.

风险管理基本理论

1. 风险管理演进阶段划分

1.1　古代风险管理萌芽阶段

在古代，人们对风险管理的探索呈现零散、朴素的特点，缺乏科学理论的支撑。根据古埃及文献的记载，从事金字塔修建的古埃及石匠曾建立一种互助基金组织，用会员平时缴付的会费支付该会员死后的丧葬费用。在古罗马，士兵中曾出现丧葬互助会，用收取的会费作为士兵战死后支付给其家属的抚恤费用，士兵调职或退役时则作为旅费进行发放。上述两种做法可以说是人身保险的最古老形态。

在公元前 18 世纪的古巴比伦《汉谟拉比法典》中也有类似运输保险和火灾保险的规定，其是海上保险的一种起源。公元前 1000 年左右，以色列国王所罗门曾对从事海外贸易的本国商人征税，作为对在海难中遭受损失的人员的补偿。以上两种做法可以说是运输保险的原始形式。

此外，公元前 2000 年左右，地中海一带就有了广泛的海上贸易活动。为了使航海船舶免遭倾覆，最有效的解决办法就是抛弃船上货物，以减轻船舶的载重量。为了补偿损失，当时的航海商人提出了一条需要共同遵循的原则：一人为众，众为一人。该原则为公元前 916 年的《罗地安海商法》所采用，并正式规定为："凡因减轻船舶载重而投弃于大海的货物，如为全体利益而损失的，须由全体来分摊。"这就是著名的"共同海损分摊"原则，这一分摊原则至今仍为各国海商法所采用。

中国古代的救济措施一般采取实物形式，即后备仓储制度。根据《周礼·地官司徒》记载，从公元前 11 世纪的周朝开始，就有后备仓储制度，书中所称的"县都之委积，以待凶荒"即指集粮储谷，以备荒年救灾之用。又如西汉创建的"常平仓"，隋朝推行的"义仓"，宋朝和明朝还出现了民间的"社仓"制度，可以说是原始形态的人身救济后备制度。

1.2 现代风险管理发展阶段

自风险量化的数理基础——概率论提出以来，人类对风险的管理集中体现在以量化分析为基础的风险管理、以行为分析为基础的风险管理和以管理控制为基础的风险管理 3 个发展阶段（见图 2-2）。

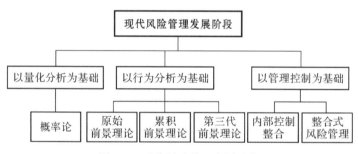

图 2-2　现代风险管理发展阶段

1.2.1　以量化分析为基础的风险管理

以量化分析为基础的风险管理起步最早，成果也最丰富。[1]早期的学者对投掷色子问题的关注孕育了概率理论，而对更广泛社会问题的探讨则激发了概率统计理论的进一步发展，这些共同构成了风险量化的数理基础。现代意义上的风险转移、风险分担开始涌现，并催生出保险业务、套期保值及其他风险融资机制。此后，马科维茨提出了具有跨时代意义的资产组合理论，将风险分析的视角从单一资产拓展到多种资产的组合。布莱克和斯科尔斯则奠定了现代衍生品定价的理论基础。

1.2.2　以行为分析为基础的风险管理

以行为分析为基础的风险管理理论是前景理论，主要探讨不确定性环境中的决策问题。前景理论最初由卡内曼和特沃斯基[2]提出，至今已经经历了3个发展阶段：原始前景理论、累积前景理论和第三代前景理论。

原始前景理论主要关注个体在风险决策过程中的行为偏差，提出并检验框架依赖偏差、直觉偏差、确定性效应、孤立效应、反射效应等理论模型。

累积前景理论则通过引入累积函数，将前景理论的解释范围从个体拓展到总体层面。随后，学者们又对累积前景理论的函数模型进行了深化和发展。

第三代前景理论起源于对风险偏好逆转现象的解释，该理论提出当决策权重被指定为等级依赖时，参考点可以不确定。

1.2.3　以管理控制为基础的风险管理

以管理控制为基础的风险管理又分为内部控制整合阶段和整合式风险管理阶段。

1.2.3.1　内部控制整合阶段

在量化分析之外，实践中还产生了以管理控制为手段的风险应对方法，并逐步发展为今天的内部控制理论。内部控制理论的发展大致经历了以下4个阶段。

第一阶段为内部牵制阶段，时间在20世纪40年代之前，主要任务是查错防弊，控制事项为会计事项。由于控制方法以及概念上的单一性，这一阶段的内部控制也被称为单要素内部控制。

第二阶段为内部控制制度阶段，即两要素内部控制，时间为20世纪40—80年代。这一阶段，内部控制的范围从第一阶段的内部会计控制扩大到内部管理控制。

第三阶段为内部控制结构阶段，即三要素内部控制，时间为20世纪80年代到90年代初。1988年，在美国注册师协会（AICPA）发布的《审计准则公告第55号》（SAS No.55）中，内部控制结构被分为控制环境、会计制度和控制程序3个要素。其中，控制环境因素被作为重点进行了强调。

第四阶段为内部控制整体框架阶段，时间为20世纪90年代初至21世纪初，其典型代表是 1992 年美国反虚假财务报告委员会下属的发起人委员会（COSO）发布的《内部控制——整合框架》报告，其将内部控制目标划分为 3 个，即经营目标、报告目标和合规目标。COSO 在整个框架中提出内部控制活动有 5 个组成部分，即控制环境、风险评估、控制活动、信息和沟通以及监督，这 5 个组成部分也被称为内部控制五要素（见图 2-3）。COSO 报告目前被国内外内部控制专家视为最权威的内部控制理论。专家们普遍认为，COSO 报告对内部控制的内涵和外延的定义比以往更为深刻和宽泛。

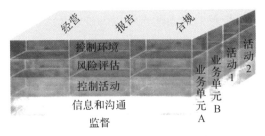

图 2-3　COSO 内部控制五要素

1.2.3.2　整合式风险管理阶段

随着经济一体化进程的加速和行业竞争的加剧，整合式风险管理（enterprise risk management）的理念开始受到重视。整合式风险管理体现了风险管理的"整体观"，强调风险和收益的协调，是一种主动型风险管理。其中，在国内最受关注的框架有 3 个：《企业风险管理——整合框架》《中央企业全面风险管理指引》以及《企业风险管理——整合战略与绩效》。[3]

作为对 2008 年金融危机中企业风险管理脆弱性的反思，《企业风险管理——整合战略与绩效》框架关注了既有风险管理理论与战略和绩效相割裂的问题，明确了内部控制与风险管理的关系，尝试构建战略—风险管理—绩效一体化的风险管理框架体系。

2.风险概念

风险在我们的生活中无处不在，对风险概念的界定也多种多样，这与人们关注的视角和重点不同有关。

1921年，奈特对风险和不确定性进行了区分，认为风险与不确定性根本是两码事："风险"在一般情况下是可以量化的，但在有些特殊的情况下又不能量化；而不确定性总是难以计量的。在不同的环境中，风险或不确定性会造成截然不同的后果。也有学者提出了以下几个针对风险的定义。（1）风险是指事件未来结果的不确定性，不确定性是指人们不能确切知道或掌握事物的未来状态。（2）风险是指损失的不确定性。风险是一种不确定的状态，与可能性（或概率）有着必然的联系。风险是以一定发生概率存在的各种结果的可能性，具有一定的可度量性。风险导致的各种结果出现的概率总是在0~1波动，概率越接近0，说明发生的可能性越小；概率越接近1，说明发生的可能性越大。（3）风险是指实际结果与预期结果的偏差性。这种说法在统计学、投资学中广为使用。市场风险中的利率风险、汇率风险、股价风险都是由于市场风险因素变量围绕其期望值上下波动造成的，描述这种波动的方法是计算期望值和方差（或标准差）。此外，监管部门对风险也有定义。国际标准化组织（ISO）发布的《ISO 31000 风险管理标准》中对风险的界定是：风险是不确定性对目标的影响。COSO 又对风险重新做了定义：风险是事项发生并影响实现战略和经营目标的可能性。在风险环境中，事项不仅指常规事务，同时还包括更为广泛的业务问题，如治理和运作架构的变化、地缘政治、社会影响以及合同谈判等。

从上述定义来看，我们可以从多个维度理解风险。（1）风险与战略相关。如果战略目标不同，面临的风险就会不同。（2）风险具有双重性。风险有不利的一面，也有有利的一面，往往伴随机会和损失。（3）风险具有相对性。这与应对风险的能力有关，如果前期风险预案充分，风险发生后及时采取措施，则损失较小；而如果前期预案准备不充分，风险发生会造成意想不到的损失。（4）风险是一系列可能发生的结果。风险是各种偶然因素的叠加，有可能发生，也有可能不会发生，它的发生不是唯一结果。（5）风险兼具客观性和主观性。风险发生有客观因素的原因，也有主观因素的原因。在风险识别的过程中，一定要科学、理性、客观、全面，要有危机意识。

2.1 风险的构成要素

风险由风险因素、风险事件、损失共同构成。理解风险因素、风险事件（事故）和损失之间的关系，有利于提高风险管理的效率和效果。

2.1.1 风险因素

风险因素（hazard）是指引起或增加风险事件发生的机会或扩大损失程度的原因和条件。风险因素是风险事件发生的潜在原因，是造成损失的内在或间接原因。风险因素根据性质通常分为实质风险因素和心理风险因素两种类型。

实质风险因素（physical hazard）又称物理风险因素，是有形的并能直接影响事物物理功能的因素。如环境污染是影响人们健康的实质风险因素。

心理风险因素（morale hazard）是由于人们主观上的疏忽或过失，以致增加风险事件发生的机会或扩大损失程度的原因和条件，是与人的心理状态有关的无形因素。

2.1.2 风险事件

风险事件被定义为损失发生的原因，有主观原因和客观原因之分。如风险管理者盲目自信，没有风险意识，导致发生损失，这是主观原因；由于不可抗力的原因（极端天气、地震、自然灾害）等导致生命财产的损失，这是客观原因。

2.1.3 损失

损失（loss）是指非故意的、非预期的和非计划的经济价值的减少。风险管理中的损失包括两个条件：（1）非故意、非预期和非计划；（2）经济价值，即损失必须能以货币衡量，两者缺一不可。

2.1.4　风险因素、风险事件与损失三者的关系

风险由风险因素、风险事件和损失构成。风险因素是引起或增加风险事件发生的机会或扩大损失程度的原因和条件，是风险事件发生的潜在原因。风险事件是造成损失的偶发事件，是造成损失的直接或外在原因，是损失的媒介。损失是指非故意的、非预期的和非计划的经济价值的减少。

三者关系可综合概括为：风险是风险因素、风险事件和损失构成的统一体，风险因素引起或增加风险事件，风险事件发生可能造成损失（见图2-4）。

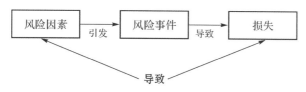

图2-4　风险因素、风险事件和损失三者的关系

对以上三者关系的分析有以下两种理论。（1）亨里奇的骨牌理论。亨里奇认为风险因素、风险事件、损失3张牌相互倾倒，主要是人的错误行为所致，因而强调人的因素。（2）哈登的能量释放论。哈登认为三者之所以有这种关系，是因为事物承受的能量超过了它所能容纳的能量，因而强调物理因素。两种理论的不同导致预防损失的具体策略可能不同。

3. 风险的分类

3.1　按风险性质划分

我们把风险按性质划分为：（1）纯粹风险；（2）投机风险。

纯粹风险（pure risk）的概念由美国学者毛伯莱提出，是指只能造成损失而无获利可能的风险。纯粹风险所致结果只有两种，即损失和无损失，如火灾、战争、疾病等。

投机风险（speculative risk）是指既可能造成损失也可能产生收益的风

险，其所致结果有 3 种，即损失、无损失和获利，如博彩业等。

两者的区别在于，前者只可能带来损失而后者有可能获利。因此，有些人为了获利，甘愿冒风险。

3.2 按风险产生的原因划分

我们把风险按产生的原因划分为：（1）静态风险；（2）动态风险。

静态风险（static risk）是由自然力（如地震、极端天气等）变动或人的行为失常引起的风险。此类风险大多在社会经济结构未发生变化的条件下发生，因此称为静态风险。

动态风险（dynamic risk）是由人类社会活动引起的各种风险。此类风险多与经济及社会变动密切相关。

静态风险和动态风险都具有不确定性。两者的区别在于静态风险的变化比较有规律，好预测；动态风险的变化不规律，难以预测。

3.3 按风险损失的对象划分

我们把风险按损失的对象划分为：（1）财产风险；（2）人身风险；（3）责任风险；（4）信用风险。

财产风险（property risk）是可能导致财产发生毁损或贬值的风险。

人身风险（personal risk）是指人们因生、老、病、死、伤、残等而遭受的风险。

责任风险（liability risk）是指因侵权或违约，依法对他人遭受的人身伤亡或财产损失担负赔偿责任的风险。

信用风险（credit risk）是指在经济交往中，权利人与义务人之间，由于一方违约或犯罪而给另一方造成经济损失的风险。

3.4 按风险损失发生的原因划分

我们把风险按损失发生的原因划分为：（1）自然风险；（2）社会风险；（3）经济风险；（4）政治风险。

自然风险（natural risk）是指由自然现象或物理现象导致的风险，如洪水、地震、火灾、极端天气等。

社会风险（social risk）是指由于个人行为的反常或不可预料的团体行为导致的风险，如宗教冲突等。

经济风险（economic risk）是指由于经营管理不善、市场预测错误或者其他相关因素的变化导致企业收入损失甚至破产的风险。

政治风险（political risk）是由宗教或种族冲突、叛乱、战争引起的风险。

其实，社会风险与政治风险很难严格区分，一个社会问题很可能因累积过久而成为政治问题，从而引起政治风险，政治风险也有可能引发宗教冲突。

3.5　按风险是否客观计算划分

我们把风险按是否可以进行客观计算划分为：（1）客观风险；（2）主观风险。

客观风险（objective risk）是不以人的意志为转移的实际存在的风险，如自然灾害和意外事故等。从风险分析的角度来看，实际损失与预期损失的变动区间越大，客观风险发生的概率越大；实际损失与预期损失的变动区间越小，客观风险发生的概率越小。

主观风险（subjective risk）是人们在无法客观准确地测算风险时，根据经验对风险作出的分析和判断。这种情况的产生往往是由于缺乏系统的数据资料，只能根据经验判断处理现有风险。

3.6　直接划分

我们有时也会把风险直接划分为：外部风险和内部风险（见图2-5）。

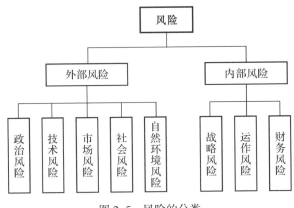

图 2-5 风险的分类

4. 风险管理的概念

国际上对风险管理如同对风险的认识一样，有多种理解。2009 年，ISO 31000《风险管理——原则与指南》中对风险管理的定义是：一个组织对风险的指挥和控制的一系列协调活动。2017 年，COSO 在其新版《企业风险管理——整合战略与绩效》中对风险管理的定义是：组织在创造、保持和实现价值的过程中，结合战略制定和执行，赖以管理风险的文化、能力和实践。其中，强调通过以下几点来管理风险：（1）文化认知；（2）培养能力；（3）应用实践；（4）战略制定；（5）对绩效进行整合；（6）管理企业战略；（7）经营目标的风险链接价值等。

5. 风险管理的特征

5.1 风险管理的系统化特征

风险管理必须拥有一套系统、规范的方法，建立全面风险管理体系，为实现风险管理的总体目标提供合理保证。

5.2 风险管理的全员参与性特征

风险管理是一个由管理层和所有工作人员共同参与，旨在把风险控制在风险容量以内的过程。风险管理本身并不是结果，而是实现结果的过程。只有将风险意识转化为所有工作人员的共同认识和自觉行动，才能确保风险管理目标的实现。

5.3 风险管理的专业化特征

风险管理专业化特征要求风险管理的专业人才实施专业化风险管理。

5.4 风险管理的二重性特征

风险管理的使命在于，损失最小化管理、绩效最优化管理和不确定性管理。风险管理既要管理纯粹风险，也要管理机会风险。

6. 传统风险管理与全面风险管理的对比分析

在风险管理的视野下，风险管理具有二重性，风险总是与机遇并存。风险既包含损失的一面，也包含获利的机会（见表2-1）。

表2-1　传统风险管理与全面风险管理对比

项目	传统风险管理	全面风险管理
目标	转移或避免风险	寻求风险优化措施
态度	被动风险管理	主动风险管理
方法	先检查和预防风险，然后采取应对策略	事前防范，事中预警及时处理，事后备案
注意焦点	纯粹和灾害性风险	所有相关者的共同利益最大化
参与者	可保风险和财务风险	高层参与，每个成员都承担，自上而下集中管理风险
连续性	管理层认为有必要时才进行	系统的、有重复的、持续的

资料来源：中国注册会计师协会.公司战略与风险管理 [M].北京：中国财政经济出版社，2019。

7. 风险管理中常用术语解析

7.1 风险评估

风险评估就是量化评测某一事件或事物带来影响或损失的可能程度（见图 2-6）。风险评估包括风险识别、风险分析和风险评价 3 个部分。

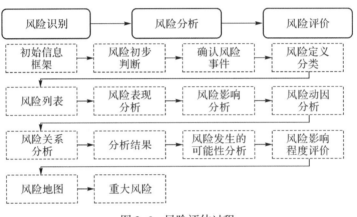

图 2-6　风险评估过程

风险识别是发现、辨认和描述风险的过程；风险分析是理解风险特性、确定风险等级的过程；风险评价是将风险分析的结果与准则相比较，以决定风险及其大小是否可接受或可容忍的过程。

在风险评估中通常采用定量分析、定性分析或定性与定量分析相结合的方式。之所以采用两者相结合的方式，是因为风险受未来不确定性的影响。

风险评估有两个维度：一是事件发生的可能性（概率），二是事件的影响程度。根据以上两个维度的分析结果计算数学期望值，期望值等于事件发生的可能性乘以事件的影响程度。事件发生的可能性可以是定量的，如百分比、频率等；也可以是定性的，如高、中、低等。事件的影响程度可以是定量的具体指标，如标准、产值、在险值（value at risk）等；也可以是定性或半定量描述，如重要、中等、不重要或 1、2、3 级等。

定性指标通常称为直观（主观）的度量方式，采用的方法有调查问卷法、专家打分法、层次分析法等。表2-2列出了对风险发生可能性的定量、定性评估标准及其描述。

表2-2　风险发生可能性的定量与定性及其描述

方法	评分	1	2	3	4	5
定量方法	一定时期内发生的概率	10%	20%	50%	70%	90%
定性方法	文字描述一	极低	低	中等	高	极高
	文字描述二	一般情况下不会发生	极少情况下才会发生	某些情况下才会发生	较多情况下发生	经常发生
	文字描述三	不受影响	轻度影响	中度影响	严重影响	重大影响

7.2　风险地图

风险地图又称风险坐标图或风险矩阵（见图2-7），是把风险发生对目标的影响程度和风险发生的可能性等级作为两个维度绘制在同一个平面上。

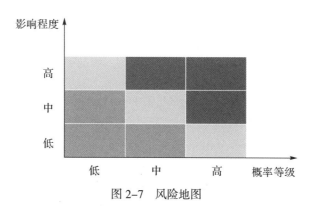

图2-7　风险地图

风险地图的横坐标表示风险发生的概率等级，纵坐标表示影响程度，以此直观展现风险的态势，方便管理者采取相应的风险控制措施。

风险地图分为4个象限，其中"高概率等级、高影响程度"表明风险状况非常严重；对于"低概率等级、高影响程度"的风险情况，应保持警惕；对于"高概率等级、低影响程度"的风险事件，应积极管控；对于"低概率等级、低影响程度"的风险，则常被列入成本控制的范围。

8. 风险管理流程

8.1 COSO 企业风险管理框架流程

8.1.1 2004 年 COSO《企业风险管理——整合框架》中的框架流程

2004 年，COSO《企业风险管理——整合框架》把风险管理的目标、流程和涉及的部门人员之间的关系通过一个三维矩阵以立方体或"大魔方"的形式呈现（见图 2-8）。

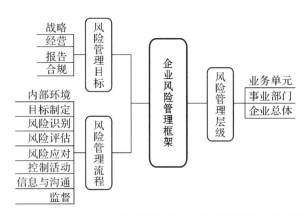

图 2-8 2004 年 COSO《企业风险管理——整合框架》中的框架流程

风险管理流程包括 8 个相互关联的构成要素：（1）内部环境：其核心是人，包括他们的品行和经营环境；（2）目标制定：先有目标，管理者才能识别影响实现该目标的潜在事项；（3）风险识别：必须从涉及影响目标实现的内部或外部原因中识别潜在事项，并反馈到管理当局的战略或目标制定的过程中；（4）风险评估：对识别的风险进行分析，以便确定对该风险进行管理的依据；（5）风险应对：识别和评价可能的风险应对，包括回避、承担、降低和分担风险；（6）控制活动：制定和实施政策与程序，以确保风险应对得以有效实施；（7）信息与沟通：确保识别、获取和沟通相关信息，主体的各个层级都需要借助信息来识别、评估和应对风险；（8）监督：通过持续的管理活动、对风险管理的个别评价或者以两者结合的方式对风险管理进行全面监督。

8.1.2 2017 年 COSO《企业风险管理——整合战略与绩效》中的框架流程

2017 年，COSO 对风险管理进行了颠覆和变革，原因是过去 10 年间外部环境的复杂变化使利益相关方更加关心风险管理创造的价值，尤其是风险管理的价值在战略制定和执行中的体现，以及风险管理与战略协同作用的贡献。

风险管理被视为战略制定的重要组成以及识别机遇、创造和保留价值的必要部分，它指明了风险管理流程和各环节的工作内容（见图 2-9）。

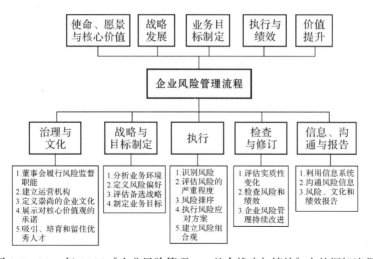

图 2-9 2017 年 COSO《企业风险管理——整合战略与绩效》中的框架流程

8.2 ISO 风险管理框架流程

8.2.1 2009 年《ISO 31000 风险管理——原则与指南》中的框架流程

2009 年，ISO 推出了《ISO 31000 风险管理——原则与指南》文件，其中包括一系列与风险管理相关的标准，介绍了风险管理的原则、框架、流程（见图 2-10）。

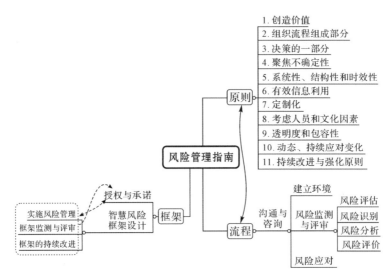

图 2-10　2009 年《ISO 31000 风险管理——原则与指南》中的框架流程

8.2.2　2018 年《ISO 31000 风险管理指南》中的框架流程

2018 年，ISO 对 10 年前的标准进行了修订并推出《ISO 31000 风险管理指南》文件（见图 2-11）。这次修订使风险管理标准更简洁，更利于理解和运用。

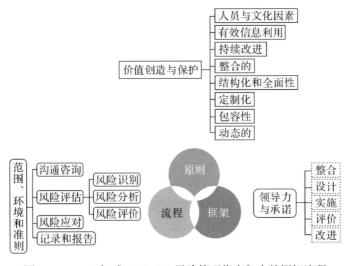

图 2-11　2018 年《ISO 31000 风险管理指南》中的框架流程

8.2.2.1　2018 年《ISO 31000 风险管理指南》中的风险管理原则

（1）整合原则。风险管理是所有组织活动的组成部分。

（2）结构化和全面性原则。风险管理的结构化和全面性有助于获得一致和可比较的结果。

（3）定制化原则。风险管理框架和流程是根据组织与其目标相关的内外部环境来制定的，并与其密切相关。

（4）包容性原则。风险管理需要考虑利益相关方适当、及时地参与，并融入其知识、观点和看法以增强组织的风险意识并促进有效的风险管理。

（5）动态原则。随着组织内外部环境的变化，风险可能会出现、变化或消失。

（6）有效信息利用原则。风险管理的输入基于历史和当前的信息以及对未来的预期。因此，要将信息应及时、清晰地提供给利益相关方。

（7）人员与文化因素原则。人员行为和文化明显影响各级和各阶段风险管理的各个方面。

（8）持续改进原则。通过学习和经验积累，不断提高风险管理水平。

8.2.2.2　2018 年《ISO 31000 风险管理指南》中的风险管理框架

建立风险管理框架的目的是协助组织将风险管理纳入重要的活动和职能中，框架开发包括整合、设计、实施、评价和改进 5 个方面。（1）整合：整合风险管理依赖于对组织架构和环境的理解。组织架构因组织目的、目标和复杂程度而异。组织架构中的每个部分都需要进行风险管理，组织中的每个人都有责任管理风险。风险管理应该成为组织目的、治理、领导力和承诺、战略、目标和运作的一部分，而不是相互分离。（2）设计：在设计风险管理框架时，组织应该检视并理解其内外部环境。（3）实施：框架的成功实施需要利益相关方的参与和了解。通过正确设计和实施风险管理框架，可以确保风险管理流程是整个组织中所有活动（包括决策）的一部分，并充分反映内外部环境的变化。（4）评价：为了评估风险管理框架的有效性，组织应该根据其目的、实施计划、指标和预期行为定期衡量风险管理框架的绩效，并确定风险管理框架是否仍然适用于支撑组织目标的实现。（5）改进：组织应持续监控和调整风险管理框架，以适应内外部环境的变化。组织应不断提高风险管理框架的适用性、充分性和有效性，改进风险管理流程的整合方式。组织应评估其现有风险管理的实践和流程，找出差距并依照框架将之消除。框架的组成要素与其协同作用的方式应根据组织的具体需求进行定制。

8.2.2.3　2018 年《ISO 31000 风险管理指南》中的风险管理流程

风险管理流程应成为管理和决策的组成部分，并融入组织的架构、运作和流程中。虽然风险管理流程通常有一定的顺序，但实际上不同流程步骤之间是可以反复交错使用的。（1）沟通和咨询。沟通旨在提升对风险的认识和理解，咨询则涉及获取反馈和信息以支持决策。（2）范围、环境和准则。确定范围、环境和准则的目的是有针对性地设置风险管理流程，实现有效的风险评估和恰当的风险应对。（3）风险评估。风险评估是风险识别、风险分析和风险评价的整个过程。风险识别的目的是发现、识别和描述可能有助于或妨碍组织实现目标的风险。相关的、适当的和最新的信息对于识别风险很重要。风险分析的目的是理解包括风险水平在内的风险性质和特征，涉及对不确定性、风险源、后果、可能性、事件、情景、控制及其有效性的详细考虑。风险评估的目的是支持决策，涉及将风险分析的结果与既定的风险准则进行比较，以确定需要采取何种应对措施。（4）风险应对。风险应对的目的是选择和实施应对风险的方案。风险应对涉及以下反复优化的过程：①制定和选择风险应对方案；②计划和实施风险应对方案；③评估应对方案的有效性；④确定剩余风险是否可接受；⑤如果不能接受，做出进一步应对。（5）监督和审查。监督和审查的目的是保证和提升流程设计、实施和结果的质量及有效性。（6）记录和报告。应通过适当的机制，记录和报告风险管理流程及其成果。

8.3　2006 年国资委中央企业全面风险管理流程

2006 年，国资委在《中央企业全面风险管理指引》中指出了企业全面风险管理的基本流程（见图 2-12）。

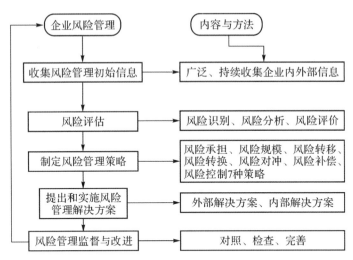

图 2-12　2006 年国资委《中央企业全面风险管理指引》中的风险管理基本流程

参考文献

[1] 吕文栋. 公司战略与风险管理 [M]. 北京：中国人民大学出版社，2021：
152-197.

[2]Kahneman D, Tversky A. Prospect theory: An analysis of decision under risk[J].
Econometrica, 1979, 47(2): 263-291.

[3]COSO. 企业风险管理——整合框架（2017 修订版）[M]. 方红星，王宏，
译. 大连：东北财经大学出版社，2017.

体育风险管理概述

1. 国外体育风险管理研究综述

风险管理的概念源于第一次世界大战，其首先在企业管理中被提出。美国于 1929—1931 年卷入 20 世纪最严重的世界性经济危机，使得风险管理成为经济学家研究的焦点。20 世纪 50 年代，风险管理在国外得到足够的重视，对其的研究由此逐步趋向系统化、专门化。[1] 如赫奇斯和梅尔在《企业风险管理》一书中认为，风险管理是手段、方法、技术等管理过程，是一门新兴的科学。该书的问世使得风险管理理论正式进入大众视野。罗森布鲁姆 [2] 指出，风险管理是处理纯粹风险和决定最佳管理方法的一套技术。威廉姆斯和海恩斯 [3] 认为，风险管理是通过对风险的识别、计量和控制从而以最小的成本使风险所致的损失降到最低程度的管理方法。

比较早的关于体育赛事风险管理的著作是美国学者伯龙吉在 1990 年撰写的《大型体育赛事风险管理手册》一书。伯龙吉认为 [4]，大型体育赛事的风险管理就是意识到潜在风险，在了解赛事后，选派风险管理人员采取具体措施管理风险，因此需要制定全面的体育赛事风险管理框架。2005 年，我国学者翻译并出版了美国学者小罗宾·阿蒙等编著的《体育场馆赛事筹办与风险管理》一书。此书结合翔实的案例，介绍了赛事规划与经营管理、群众管理与预防暴力事件、体育场馆融资、紧急医疗与疏散计划、票务管理等方面的内容，对体育赛事组织者具有极大的参考价值。陈家起和刘红建[5]在风险管理理论研究的基础上，描绘了体育赛事风险管理的基本框架图。该框架较为详尽地展示了体育赛事风险管理的整个流程，包括风险识别、风险评估、风险沟通以及能够接受的风险和不能接受的风险的处理方法等。查布莱特[6]将风险管理应用于复杂的事件或项目中，如大型体育赛事奥运会，而且他的风险清单并不来自单一的赛事和经验。

2003 年版的《体育营销指南》是由中信出版社翻译并出版的。该著作运用管理学的方法对体育赛事中的各种风险进行了研究，针对体育场馆的安全、室外体育场地的安全、高温天气的影响等着重介绍风险预防方法，并制定有针对性的应急预案。

此外，弗罗斯迪克[7]以 2008 年超级方程式联赛为案例进行分析，发现包括酗酒、闹事、人群恐慌等在内的 8 种社会因素是影响赛事安全的主要因素。里奥普基和帕伦特[8]从赛事组委会和赛事利益者的角度出发，提出风险管理是一个主动的过程，它包括评估所有可能出现的风险，利益相关者制定风险计划，防止、减少已识别风险。2009 年 4 月，在美国俄亥俄州克利夫兰布朗体育场，由体育赛事安全管理中心组织专家和学者对体育场馆安全展开了专题研究和探讨。

从以上分析中可以看出，国外对体育风险管理的研究明显早于国内。但针对单一体育赛事风险管理的研究则相对较少，其原因可能与国外体育的职业性和商业性特点有关，与国内研究方向的侧重点不同。

2. 我国体育风险管理研究综述

20 世纪 90 年代中期，特别是北京申奥成功后，我国体育赛事的规模和数量不断扩大和增加，我国学者开始重视体育赛事风险管理的相关研究。

2.1 我国体育赛事风险管理研究阶段划分

从最初体育赛事风险管理理论的引进到发展，我国体育赛事风险管理的研究分为以下 3 个阶段（见表 2-3）。

表 2-3　我国体育赛事风险管理研究阶段划分

阶段	特征	划分时间
第一阶段	理论引进阶段	1980—1990年
第二阶段	基础理论研究阶段	1991—2008年
第三阶段	多角度研究发展阶段	2009年至今

2.1.1　体育赛事风险管理理论引进阶段（1980—1990 年）

我国有关风险管理的理论研究起步较晚，直到 20 世纪 80 年代初学术界和企业界才对风险管理的相关理论有所接触，但基本上处于引进和翻译国外风险管理与保险相关著作的状态。如宋明哲的专著《现代风险管理》[9] 以及段开龄的《风险管理论文集》是这一阶段的标志性研究成果。20 世纪 80 年代后期，企业经营领域的风险管理专著开始面世。1987 年，清华大学郭仲伟编著的《风险分析与决策》的出版，标志着我国新时期风险管理研究的开始。这一时期，相关学者开始翻译、编写、出版相关风险管理理论的教材，如许谨良、周江雄编写的普通高等学校金融类"九五"规划重点教材《风险管理》[10]、声华明编写的《风险与保险》等。随着风险管理相关理论的引进，也有学者对体育赛事风险管理开始关注，但相关体育赛事风险管理方面的理论研究较少。

2.1.2　体育赛事风险管理理论基础研究阶段（1991—2008 年）

20 世纪 90 年代中期，国内学者开始关注体育赛事，特别是大型体育赛事风险以及风险管理相关概念等基础理论的研究。体育赛事风险管理研究的热潮兴起于 20 世纪 90 年代末，主要是我国开始承办更多大型国际体育赛事以及申办、筹备 2008 年北京奥运会的需要。

在此阶段，一些学者开始将风险管理的相关原理及方法移植到体育赛事的组织经营管理领域。如张超慧[11] 对体育经营的风险及风险管理的特点与方法进行了初步分析，对于在体育经营中树立风险意识，具有十分重要的意义。郭明方、孔平[12] 运用保险风险理论，对历届奥运会风险规避的经验进行了综合分析，对北京举办 2008 年奥运会可能存在的风险以及风险管理对策进行了理论探讨，提出要学习国外体育保险相关经验，培养高素质体育保险人才，以避免、分散、转移、抑制等形式，降低或化解各种风险对奥运会可能造成的损失。凌平、童杰[13]对2008年北京奥运会的风险识别、风险分析、风险管理和风险防范等方面进行了分析，提出只有设计尽量完美的风险应对策略，才能保证奥运会筹备工作的顺利进行。董杰、刘新立、宋璐毅[14]探讨了2008年北京奥运会应对突发事件的风险管理措施，主要包括安全管理、保险、制定应急计划、设置突发事件的管理机构、进行相关人员的培训等。许立珍、杜春龙[15]运用保险风险管理理论，分析2008年北京奥运会的保险商机、涉及的保险金种类，对构建2008年北京奥运会保险金全程监控风险管理体系进行了初步探讨。

2.1.3 体育赛事风险管理理论多角度研究发展阶段（2009年至今）

随着我国2008年北京奥运会的成功举办，研究体育赛事风险管理相关理论的学者开始增多。但学者更多关注的焦点是大型体育赛事和综合性大型体育赛事，诸如奥运会、亚运会、全运会等风险管理相关理论的研究。

史志明[16]基于保险学视角，分析了体育赛事的定义、特点、分类及风险管理的理论等，力求找到符合我国体育赛事风险管理的模式和方法。段菊芳[17]试图从赛事承办者的角度出发，对大型体育赛事中存在的可保性的纯粹风险和不可保的意愿风险进行较为全面和系统的研究、分类，并分析各类风险产生的原因和可能导致的后果，从而不断深入和丰富体育赛事风险研究。徐卫华、谢军[18]对厦门国际马拉松赛风险管理的基本理论与方法进行了研究，建立了体育赛事风险预警机制。高俊、黄滨[19]对我国高危险性体育的发展进行了分析，建议我国高危险性体育的管理应从安全意识、管理机制、法规制定和安全保障系统建设等方面进行改革，以适应我国群众对高危险性体育的需求。石岩、高鸿瑞[20]通过中国知网收录的体育风险相关文献，绘制了我国体育风险研究热点内容的知识图谱，并提出未来我国体育风险研究在理论层面应加快体育风险管理理论框架的构建，在方法层面应充分发挥数学模型的应用，在实践层面应重视在学校体育中的推广。曾珍、吕万刚[21]提出精细化治理概念，通过精益化、精确化、精准化、智能化与效能化构成大型体育赛事公共安全精细化治理的价值场景，提出基于治理理念、治理过程、治理技术和治理格局的大型体育赛事公共安全风险精细化治理的推进路径。

3. 我国对体育赛事风险概念的研究

国内学者对体育赛事风险概念的定义多从自身的研究视角出发。有学者从赛事目标出发来定义，有学者从体育赛事风险应对措施出发来定义，有学者从体育赛事风险的产生和结果出发来定义，也有学者从项目管理理论出发对体育赛事风险进行定义。

徐成立等[22]认为，在体育赛事的运作中，由于受不确定因素的影响，赛事组织者主观预测与客观实际之间存在偏差，导致体育赛事受到损失。刘清早[23]强调体育赛事风险要与体育赛事的既定目标相联系，只有"那些一旦发生就会延误体育赛事或者导致损失甚至失败的不确定事件"才能被称为"赛事风险"。董杰等[24]认为体育赛事风险是赛事主办方所面临的不确定性。王子朴等[25]则认为，体育赛事风险是损失的不确定性。李国胜等[26]、黄海峰[27]和胡毅[28]则把赛事举办过程中特定危害性事件发生的可能性与后果的综合认为是体育赛事风险。龙苏江[29]则将体育赛事风险理解为客观存在的，是大型体育赛事筹备、举办过程中的随机事件，一旦发生将会对人们造成经济损失。刘建、高岩[30]认为，体育赛事风险是由于体育赛事项目举办地所处环境的不确定以及不稳定，加上组织者不能准确预见或控制的因素影响，使体育赛事的最终实施结果与赛事组织者的期望值产生偏离，并可能造成的损失。

4. 我国对体育赛事风险特征的研究

体育赛事风险除具有一般风险所具有的特征外，还具有其特殊性。如徐成立等认为，体育赛事风险具有"客观性、偶然性、必然性、复杂性、损害性、可变性"。李国胜、张文鹏认为，体育赛事风险具有"客观性、偶然性、可变性、相关性"。范明志等[31]、黄海峰都认可体育赛事风险的"客观性、相对性、潜在性、无形性、复杂性"。胡毅和龙苏江认为，体育赛事风险具有"客观性、普遍性、潜在性、可控性、偶然性"。刘东波[32]认为，体育赛事风险特征具有"运行机制特点、东方文化特点、法律保障体系特点"。

5. 我国对体育赛事风险分类的研究

对于体育赛事风险分类的讨论，从 21 世纪初至今仍尚未统一，有学者以风险理论中的风险分类为依据，有学者从赛事运作流程和赛事阶段出发进行划分。如段菊芳从赛事组织者视角出发，将其分为赛事组织风险和赛事运作风险两类。孙星等[33]认为，申办、筹备时主要考虑社会风险、经济风险、政治风险、赛前组织风险、财务风险、经营风险和责任风险等，比赛时主要考虑比赛组织风险、设施运作风险、人员风险和灾害风险等。黄海峰则按赛事运作划分了 4 个阶段的风险：（1）赛事申办的风险；（2）赛事筹备过程的风险；（3）赛事实施过程的风险；（4）赛事结束后的风险。

也有学者从风险产生的原因及表现形式进行分类。如肖锋、沈建华[34]将其分为自然风险、政治风险、商业风险、组织管理风险 5 类。徐成立等则将其分为自然风险、政治风险、社会风险、经济风险、信息风险、技术风险 6 类。孙庆祝等[35]把赛事风险分为赛事组织管理风险、场馆（地）设备风险、赛事运作风险、人员风险、经济风险、环境风险和信息风险 7 类。董杰等把赛事风险分为财产风险、人身风险、责任风险、赛事取消风险及财务风险 5 类。范明志将其分为内部风险和外部风险两类。魏得建、吴强[36]从赛事参与主体因素、赛事外部因素（如政治、经济、文化、环境等）、赛事物质因素（如场馆设施、器材设备等）和赛事组织者的运作管理经验等四大因素出发进行了分类。

其他分类如刘清早将体育赛事风险分为自然灾害风险、流行疾病风险、交通事故风险 3 类。刘东波把大型体育赛事风险分为政治类风险、经济类风险、灾害类风险、人员类风险、赛事运作类风险、场地器材类风险、技术类风险、竞赛项目类风险 8 类。

6. 我国对体育赛事保险风险的研究

随着我国体育赛事以及经济、政治、文化水平的发展，我国在体育赛事保险研究方面取得了一定程度的进展，但与世界先进国家相比仍然存在一定的差距。

郭明方、孔平针对 2008 年北京奥运会风险研究提出，赛事保险要做好以下几点：（1）体育风险和保障市场调查；（2）体育风险和保障推销；（3）体育风险和风险评估；（4）投保后的跟踪管理服务；（5）各种咨询服务等。2006 年，我国对体育保险的研究达到了一个高峰，相关研究成果很多。如邱晓德 [37] 编写的《体育保险学》成为国内第一本关于体育保险学的专业教材。该书汇集了国内外体育保险研究的最新成果，并融入了大量国内外体育保险的案例和运作资料。江巍 [38] 在现代奥运保险运作模式的基础上罗列了赛事保险所面临的一系列问题，并提出了完善我国赛事保险事业的对策。杨铁黎 [39] 以商业性体育赛事为研究对象，将商业性体育赛事财务风险分为筹资风险、资金分配风险以及汇率风险 3 类。

参考文献

[1] 郭波，龚时雨，谭云涛 . 项目风险管理 [M]. 北京：电子工业出版社，2017：2-3.

[2]Rosenbloom J S. A case study in risk management[M]. NY: Meredith Corp, 1972.

[3]Williams C A, Heins R M. Risk management and insurance[M]. NY: McGraw-Hill, 1989.

[4]Berlonghi A. The special event risk management mannual[M]. Dana Point, CA: Berlonghi, 1990.

[5] 陈家起，刘红建 . 国内外体育赛事风险管理研究进展 [J]. 山东体育科技，2012，34（5）：20-24.

[6]Chappelet J L. Risk management for large-scale events: The case of the Olympic Winter Games[J]. European Journal for Sport Management, 2001(8): 6-12.

[7]Frosdick S. Super league Formula 2008: A case study in managing safety and security risks in soccer-themed motor racing[J]. International Journal of Police Science and Management, 2012, 12(3): 357-372.

[8]Leopkey B, Parent M M. Risk management issues in large-scale sporting events: A stakeholder perspective[J]. European Sport Management Quarterly. 2009, 9(2): 187-208.

[9] 宋明哲 . 现代风险管理 [M]. 台北：五南文化事业出版社，2001.

[10] 许谨良，周江雄 . 风险管理 [M]. 北京：中国金融出版社，2006.

[11] 张超慧 . 论体育经营风险与风险管理 [J]. 成都体育学院学报，2001（2）：26-28.

[12] 郭明方,孔平 .对北京2008年奥运会风险及管理对策的研究 [J].体育科学，2003，23（1）：36-38.

[13] 凌平，童杰 .论 2008 年北京奥运会的风险管理 [J]. 浙江体育科学，

2004，26（6）：4-6+19.

[14] 董杰，刘新立，宋璐毅.北京2008年奥运会对突发事件的风险管理 [J].体育与科学，2005，26（1）：30-35.

[15] 许立珍，杜春龙.北京奥运会保险金全程监控风险管理体系探析 [J].体育与科学，2006（6）：41.

[16] 史志明.关于我国体育赛事风险管理的分析与探讨 [D].开封：河南大学，2007.

[17] 段菊芳.大型体育赛事风险管理研究 [D].北京：北京体育大学，2004.

[18] 徐卫华，谢军.厦门国际马拉松赛风险管理研究 [J].北京体育大学学报，2010，33（2）：38-41.

[19] 高俊，黄滨.高危险性体育管理现状及发展对策研究 [J].西安体育学院学报，2015，33（1）：74-79+100.

[20] 石岩，高鸿瑞.我国体育风险研究热点、脉络演进与展望 [J].体育研究与教育，2018，33（4）：1-9.

[21] 曾珍，吕万刚.大型体育赛事公共安全风险精细化治理：动因分析、价值场景与推进路径 [J].武汉体育学院学报，2020，54（11）：13-19+55.

[22] 徐成立，杨柳成，王健.浅谈体育赛事风险及其预防与规避 [J].哈尔滨体育学院学报，2005，23（5）：22-24.

[23] 刘清早.体育赛事运作管理 [M].北京：人民体育出版社，2006：345-358.

[24] 董杰，刘新立.体育赛事的风险管理研究 [J].武汉体育学院学报，2007，41（5）：28-32.

[25] 王子朴，汪洋，吕予锋.论企业风险管理模式在体育赛事风险管理中的运用 [J].西安体育学院学报，2007，1（1）：22-23.

[26] 李国胜，张文鹏.关于体育赛事风险管理要素的研究 [J].广州体育学院学报，2005，25（3）：39-41.

[27] 黄海峰.大型体育赛事风险管理研究 [D].武汉：武汉体育学院，2009.

[28] 胡毅.体育赛事风险管理研究 [J].科技情报开发与经济，2008，18（1）：

112-113.

[29] 龙苏江.大型体育赛事风险分析及风险管理体系的构建 [J].体育与科学，2010，31（5）：65-68.

[30] 刘建，高岩.体育赛事风险特征及分类研究 [J].成都体育学院学报，2011，37（4）：5-8.

[31] 范明志，陈锡尧.对我国重大体育赛事风险识别的初探 [J].体育科研，2005，26（2）：26-29.

[32] 刘东波.我国承办大型体育赛事风险管理机制研究 [D].长春：东北师范大学，2010：62-82.

[33] 孙星，邱菀华，唐葆君.重大体育赛事风险管理模式探析 [J].生产力研究，2005，23（11）：79-812.

[34] 肖锋，沈建华.重大体育赛事风险特点与风险管理初探 [J].体育科研，2004，25（6）：8-10.

[35] 孙庆祝，刘红建，周生旺.综合集成方法在大型体育赛事风险管理中的应用 [J].体育与科学，2010，31（1）：93-96.

[36] 魏得建，吴强.大型体育赛事的风险构成初探 [J].山东体育科技，2003，27（3）：69-70.

[37] 邱晓德.体育保险学 [M].北京：北京体育大学出版社，2006.

[38] 江巍.现代奥运保险运营模式对北京奥运的启示 [J].江苏商论，2006（11）：137-139.

[39] 杨铁黎.商业性体育赛事风险管理 [M].北京：北京体育大学出版社，2010.

群众性体育赛事发展的历史回顾和基本理论

1. 我国群众性体育赛事发展的历史回顾

群众性体育赛事是我国体育事业发展的重要组成部分，其发展和演变随着我国社会的发展而变化。我国群众性体育赛事的发展受不同时期政治、经济、文化、社会等因素的影响，也受重大社会事件和体育相关政策的影响。本书基于我国重大社会变革的时间节点，将新中国成立以来群众性体育赛事的发展历程划分为 4 个阶段（见表 2-3）：起步阶段（1949—1959 年）、停滞阶段（1960—1977 年）、转型发展阶段（1978—2013 年）、多元发展阶段（2014 年至今）。

表 2-3　群众性体育赛事发展阶段划分

阶段	划分时间
起步阶段	1949—1959年
停滞阶段	1960—1977年
转型发展阶段	1978—2013年
多元发展阶段	2014年至今

1.1　起步阶段（1949—1959 年）

新中国成立初期，我国体育工作的重心主要放在群众性体育活动上。当时竞技体育处于起步阶段，没有职业体育，也没有职业运动员参与国际性的体育赛事。国内大型的体育赛事也不多，综合性体育竞赛也比较少。

从此期间举办的体育赛事，如1951年11月在天津举办的全国足球比赛、1952年9月在广州举行的全国游泳比赛、1955年10月在北京举行的全国第一届工人体育运动大会中可以看出，我国体育工作的重心在群众性体育赛事上。

1954年1月，中共中央批转中央人民政府体育运动委员会党组《关于加强人民体育运动工作的报告》，要求"改善人民的健康状况，增强人民体质"，群众性的体育活动首先在厂矿、学校、部队和机关中开展起来。同年5月，国家体委发布了《准备劳动与卫国体育制度暂行条例、暂行项目标准》（简称"劳卫制"），目的在于鼓励群众积极参与体育锻炼，更好地为社会主义建设和保卫祖国服务。此外，1954年中华全国总工会发布了《关于开展厂矿企业中职工群众体育运动的指示》，1955年中华全国总工会制定了《关于开展职工体育运动暂行办法纲要》。这些文件的相继出台，有效保证了群众性体育活动健康有序的发展，激发了群众参与体育活动的积极性。据统计，仅1953—1956年，全国举办地市以上级别群众性体育赛事达6000多次。[1] 在计划经济体制环境下，各级政府和相关职能部门肩负起了群众性体育赛事的组织承办工作。1958年2月，国家体委颁布了《体育运动十年发展纲要》，提出"大力开展群众性的体育运动，在体育运动广泛开展的基础上，提高技术水平，不断创造新纪录"。

这一阶段的主要特征是：我国的体育事业处于起步阶段，群众性体育政策相继出台，职业体育比赛较少，群众性体育比赛比较多，群众性体育活动作为体育事业的基础发展比较快。

1.2 停滞阶段（1960—1977年）

这一阶段我国群众性体育赛事的明显特征是停滞和倒退。1960年9月，党中央、国务院提出了"调整、巩固、充实、提高"的八字方针，体育工作因势利导，采取了"控制群众体育的发展规模""把体育运动的重点转移到运动训练上"等发展方针政策。[2]1964年，随着国民经济开始全面好转，我国群众性体育赛事逐渐恢复。但在紧跟而来的"文革"的 10 年（1966—1976 年）中，我国群众性体育赛事基本陷入了停滞和倒退，部分体育协会被解散或撤销，部分市、县甚至撤销了体委机构，相应的管理组织系统被破坏。我国群众体育方针政策的执行受阻，大量体育设施被捣毁，全国体育事业遭受了巨大的冲击。

这一时期，除了每年 7 月 16 日为纪念毛泽东畅游长江而举办的游泳活动外，全国几乎没有举办其他群众性体育赛事。[3]1970 年党的九届二中全会之后，全国的政治局势稍有好转，体育工作也随之开始重新启动。1971 年，中国邀请美国乒乓球队访华，此举对中美关系的突破产生了影响，被誉为"小球推动大球"。在"乒乓外交"效应的带动下，我国群众性体育赛事开始逐步恢复，乒乓球、篮球、长跑和游泳等群众性体育赛事在全国各地逐渐升温。

这一阶段的主要特征是：群众性体育赛事的数量锐减，甚至完全消失。到"文革"后期，随着政治局面的逐步好转和 1971 年的"乒乓外交"，我国群众性体育赛事开始逐渐恢复。但我国群众性体育赛事依然缺乏健康的环境和成长的土壤，基本处于停滞状态，部分甚至有所倒退。

1.3 转型发展阶段（1978—2013 年）

1978 年 12 月，党的十一届三中全会召开，确立了改革开放的新决策，经济体制转型成为改革的重点内容。[4] 在 1978 年召开的全国体育工作会议上，国家体委明确提出我国体育事业的发展目标，"迅速攀登体育运动技术高峰，赶超世界先进水平，快出人才，多出成绩，为国争光"。[5]1979 年，国际奥委会恢复了中国奥委会的合法席位。为了在国际舞台上争取国际话语权，我国体育工作的重心开始向竞技体育倾斜。因此，1979 年的全国体育工作会议确定了"省一级以上体委在普及与提高相结合的基础上，侧重抓提高"的战略思想。在该思想的指导下，各级体育行政部门以夺取奥运金牌为主要目标，以行政全权负责为主要方式，以动用公共财政为主要手段追求体育的"锦标主义"和国家荣誉，而我国的群众性体育活动和学校体育则走向低端。[6] 为了明确竞技体育和群众体育之间的关系，1980 年的全国体育工作会议提出"学校体育主要靠教育部门领导，职工体育主要靠工会组织领导，体委的任务是根据党和政府的有关体育方针、政策，大力配合相关部门去开展"。

1984 年，中共中央印发的《关于进一步发展体育运动的通知》提出了"克服体育过分集中于国家办的弊端，放手发动全社会办体育"的改革思路，形成了"在体育行政部门领导、协调、监督下，群众体育实行国家办和社会办相结合，并以社会化为突破口，调动社会多渠道、多层次、多形式办体育"的积极局面。由此，我国群众性体育赛事逐步转向以社会办赛为主，国家积极扶持、协调、指导和依法管理。据统计，1979 年全国共成立国家级社会组织 60 个，其中体育类社会团体占 14 个；地方性社会团体也由 1978 年前的6000 多个发展到 1989 年的 20 多万个，增长了近 33 倍；全国行业基层体育协会达到 4000 多个，专职体育干部达 4000 多人，兼职体育干部达 2 万多人。

1993 年，国家体委印发的《关于培育体育市场、加快体育产业化进程的意见》要求以转变运作机制为核心，实现体育由"搭台"的配角向经营的主体转化，由有形资产的简单利用向有形和无形资产的开发转化，由外部输血性赞助向增强体育自身造血功能的经营转化。

1995 年 6 月，国家体委发布了《体育产业发展纲要》，要求"逐步建成适合社会主义市场经济体制、符合现代体育运动规律，门类齐全、结构合理、规范发展的体育产业体系"。在 1996 年 3 月召开的第八届全国人民代表大会第四次会议上通过了《国民经济和社会发展"九五"计划和 2010 年远景目标纲要》，第一次以法律的形式明确提出体育要走产业化的道路，"建立社会化的群众体育组织网络，进一步改革体育管理体制"。一些在过去十分忌讳、曾被批判为"资本主义商业化"的运作方式开始进入体育赛场，如赛事广告、赛事赞助、企业赞助、赛事冠名、运动员赞助等。

1995 年被誉为中国体育改革与发展的"元年"，这一年不仅发布了《体育产业发展纲要》，还相继出台了《全民健身计划纲要》《奥运争光计划纲要》和《体育法》。自 2009 年起，国务院批准将每年 8 月 8 日定为全民健身日，对促进群众性体育活动和全民健身运动的广泛深入开展具有里程碑意义。

同年 10 月 1 日起实施的《全民健身条例》是我国第一部专门针对全民健身的行政法规，该条例以法律的形式明确了我国群众性体育活动在体育事业中的基础性地位，保障了群众在全民健身活动中的合法权益，为促进全民健身活动的开展提供了坚实的法律保障。[7]

20 世纪 90 年代中后期，体育社会组织呈现出明显的"独立性"和"自治性"特征。在市场主体方面，20 世纪 90 年代末，包括体育竞赛表演市场、体育用品市场、体育培训市场、体育健身娱乐市场、体育彩票市场、体育无形资产市场、体育中介市场和体育旅游市场在内的市场体系已基本形成。然而，由于制度设计和行政惯性，政府依然掌控体育的赛事资源、手握社会办赛的审批大权，在一定程度上限制了社会力量参与群众性体育赛事的主观能动性，继而导致政府、市场、社会之间存在诸多难以调和的矛盾。

这一阶段的明显特征是：我国群众性体育赛事的转型、改革和发展。我国群众性体育相关政策法规相继出台，同时也暴露了我国重视竞技体育、弱化群众性体育赛事的倾向。因此，这一阶段群众性体育赛事的发展仍然任重而道远。

1.4　多元发展阶段（2014 年至今）

2014 年，国务院印发的《关于加快发展体育产业促进体育消费的若干意见》[8]（简称"46 号"文件）和国家体育总局印发的《关于推进体育赛事审批制度改革的若干意见》，明确将全民健身上升为国家战略，把增强人民体质、提高广大人民群众的健康水平作为根本目标，把体育产业作为"绿色产业"和"朝阳产业"进行政策扶持，促进我国群众体育与职业竞技体育全面发展，不断满足群众日益增长的体育需求，并明确取消群众性体育赛事的审批制度。实践证明，在国务院印发的"46 号"文件明确取消群众性体育赛事审批制度后，我国群众性体育赛事在短期内迅速发展，由社会力量举办的各类全民健身赛事活动遍地开花。以群众喜爱、赛事举办门槛相对较低的马拉松赛事为例，赛事举办数量和参赛运动员数量几乎呈几何级数增长。据统计，在中国田径协会注册的马拉松及相关的"路跑类"赛事从 2013 年的

39 场，增加到 2014 年的 51 场、2015 年的 134 场、2016 年的 328 场、2017 年的 1102 场、2018 年的 1580 场。预计到 2019 年，800 人以上规模的马拉松赛事将突破 1900 场、年参赛人数将超过 1000 万人次。[9]

2016 年 5 月，国家体育总局发布的《体育发展"十三五"规划》要求进一步厘清体育行政部门权力边界、减少审批事项、放宽市场准入，把适合由市场和社会承担的体育服务事项，按照法定方式和程序交由具备条件的社会体育组织和企事业单位承担。[10] 同年 10 月 25 日，中共中央、国务院印发的《"健康中国 2030"规划纲要》[11]将建设健康中国明确为国家战略，并提出优化市场环境、培育多元主体、引导社会力量参与体育健身休闲设施的建设运作，丰富业余体育赛事。

2019 年 9 月，国务院办公厅印发的《体育强国建设纲要》[12]要求支持各运动项目协会制定体育运动项目产业规划和具体落实措施，推动有条件的运动项目打造涵盖职业、商业和群众性赛事的多层次、多样化的体育赛事体系。聚焦全民健身和竞技体育需求，推进体育服务综合体建设，在全国建设一批体育特色鲜明、服务功能完善的体育服务综合体。其中，"全民健身活动普及工程"提出扩大彩票公益金资助全民健身赛事办赛主体的范围，加大向社会力量购买全民健身赛事服务的力度，探索组织举办全民健身赛事的新模式，打造全民健身赛事品牌。2019 年 9 月 17 日，国务院办公厅印发的《关于促进全民健身和体育消费推动体育产业高质量发展的意见》[13]提出鼓励各地采取灵活多样的市场化手段促进体育消费，丰富群众性体育赛事、优化参赛体验。在此背景下，我国群众性体育赛事的地位与功能愈加凸显，群众性体育赛事也迎来了蓬勃发展的新机遇。

一方面，我国群众性体育赛事的数量不断增加；另一方面，也暴露了一些新的问题。如群众性体育赛事的安全事故频发、办赛专业化水平较低、群众性体育赛事监管服务不到位、后勤保障不足、中小城市群众性体育赛事风险应对能力弱等，这些问题正是 2014 年取消赛事审批制度后从"政府管理"转向"多元治理"过程中的不适应表现。

2020 年 1 月 17 日，国家体育总局印发的《体育赛事活动管理办法》[14]

明确要求："地方体育部门应当积极协调推动地方人民政府，根据实际需要建立体育、公安、卫生等多部门对商业性、群众性大型体育赛事活动联合'一站式'服务机制或部门协同工作机制。"以此优化群众性体育赛事的服务工作，保障群众性体育赛事的安全，最终提升群众性体育赛事的综合治理水平。

这一阶段的明显特征是：我国群众性体育赛事呈几何级数增多，赛事规模逐年扩大，参与比赛的群众逐年增多，群众性体育赛事的项目和内容也从"生产型"和"军事型"转向"休闲型"和"娱乐型"，群众身边的各类体育健身赛事越来越多。[15]与此同时，这一阶段也暴露了我国群众性体育赛事组织管理不规范、专业人员匮乏、群众性体育赛事安全事故频发等新问题。

2. 我国群众性体育赛事相关研究综述

当前，针对我国群众性体育赛事的研究主要集中在群众性体育赛事基础理论研究、群众性体育赛事管理研究、群众性体育赛事市场营销研究、群众性体育赛事发展现状与对策研究等4个方面。

2.1 我国群众性体育赛事基础理论研究

我国群众性体育赛事基础理论研究主要包括分类、特征等几个方面。刘清早[16]提出，体育赛事可以根据不同分类标准予以划分。王雷[17]按照参与程度把群众性体育赛事分为两类：第一类是行政主导型群众性体育赛事，主要由体育行政部门负责，群众参与度不高；第二类是社会自主型群众性体育赛事，以促进群众身心健康，帮助群众养成终身体育的习惯为主要目的，群众参与度较高。陈立农[18]从办赛主体角度出发，把群众性体育赛事分为3类：由各级政府、体育局、体育总会主办的大型群众性体育赛事、由各单项体育协会主办的单项群众性体育赛事活动、由大型公司主办的商业性群众性体育赛事活动。王艳[19]认为，群众性体育赛事虽然在本质特征上还是属于体育赛事，但因为赛事的参与者主要是社会公众，所以又区别于竞技性体育赛事，群众性体育赛事的主要目的是促进社会公众参与体育活动，养成锻炼身体的良好习惯。钟天朗等[20]认为，群众性体育赛事的主办方是体育行政部门，也可以交给具有资质的社会体育组织或其他有经验的组织承办，参加比赛的对象主要是社区居民。冯加付等[21]认为，群众性体育赛事从内涵来看，可以从本质属性、活动内容、参赛目的、参与形式、组织形式、参赛主体等6个维度构建该含义。

以上学者从各自的研究视角出发对群众性体育赛事概念进行了分类，并归纳了群众性体育赛事的基本特征：（1）属于体育赛事，但有别于职业体育赛事、商业体育赛事和学校体育赛事等；（2）参与主体为非专业运动员；（3）参赛的主要目的是健身、休闲、娱乐；（4）组织形式多样化；（5）能够产生一定的社会效益和经济效益。

2.2　我国群众性体育赛事管理研究

在2010年之前，学者们对群众性体育赛事的研究相对较少。随着我国群众性体育赛事的不断发展，学者们开始关注群众性体育赛事管理与规范的问题。

王艳等[22]认为：（1）政府作为群众性体育赛事政策规划的制定者，应从宏观层面把控全局，出台规范群众性体育赛事的政策、法规；（2）政府作为群众性体育赛事市场运作的协调者，有责任对群众性体育赛事申办和举办过程中涉及的跨部门工作进行有力协调，确保群众性体育赛事顺利进行；（3）政府作为群众性体育赛事的监督者，要尽量杜绝赛事中出现违规行为和安全事故。谭思维[23]认为，现阶段还存在以下问题和不足：现有财政制度导致资金拨付和使用困难、缺乏对群众性体育赛事系统的规划安排、相关法律法规建设滞后于实践发展、尚未建立完善的群众性体育赛事购买体系、体育社会组织自身尚不够强大、政府的管辖权限过大、政策统一性和地方特殊性之间存在矛盾、政府赛事采购服务经验有待进一步积累。马谨[24]认为，我国正处于全面深化改革的转型期，政府购买群众性体育赛事必然会存在或产生诸多问题，具体表现为服务承接主体缺乏多元化、政府缺乏规范性购买程序、政府监督与评价机制不规范等。王亚坤等 [25] 认为，在"放管服"改革的客观要求下，购买群众性体育赛事已成为政府提供公共体育服务的重要方式，这一举措能够有效化解政府办赛不专业、市场化运作不足等问题，有利于政府职能转变、激发社会力量参与群众性体育赛事、推动群众性体育赛事向专业化、市场化和产业化方向发展。冯剑 [26] 从体育治理的视角出发，认为我国群众性体育赛事的管理存在政策制定者与赛事组织者界权不分的问题，导致政府与社会关系紧张，要平衡体育行政管理部门、体育组织及个体等的多方利益，协同多元主体共同向前发展。也有学者提出，对于大型群众性体育赛事活动，政府应作为供给者，扮演责任主体的角色；对于一般性中小型群众性体育赛事，则交由市场运作，政府可以通过减免营业税、所得税等，或提供体育场地设施和资金补贴等予以支持。

2.3 我国群众性体育赛事市场营销研究

目前，对于群众性体育赛事市场营销的研究，学者们更多的是针对群众性体育赛事对城市的影响力、市场营销手段方法以及国家相关政策制度支持等方面进行探讨，对群众性体育赛事价值创造环节的研究较少。李玉健 [27] 认为，我国群众性体育赛事在市场开放与营销过程中还存在诸多问题。如赛事组织者对群众性体育赛事的商业价值认识不足、政府对群众性体育赛事的经费投入较少、市场企业缺乏现代体育赞助观念和先进的营销策略、群众体育发展速度与规模制约赛事的商业开发、群众性体育赛事品牌数量较少、中介桥梁作用发挥不足、群众性体育赛事难以满足不同消费人群的需要、群众性体育赛事无形资产开发运作体系尚不完善、群众性体育赛事市场化运作的相关法规制度尚不健全等。陈立农等 [28] 认为，群众性体育赛事具有参与人群广泛、目标人群明确、体验性和娱乐性强等优势，赛事宣传效果比较理想。因此，可以根据赛事规模的不同采取相应的商业开发与营销模式。许治平、董小龙 [29] 认为，群众体育参与观念的转变、体育消费能力的提高、政府管理职能的转变和社区体育的兴起为我国群众性体育赛事市场化道路奠定了基础，市场开发与营销是群众性体育赛事发展到一定阶段后的必然趋势。通过市场开发与营销，既能够拓展群众性体育赛事的商业价值功能，同时也能为群众性体育赛事吸收社会资金、提高办赛质量提供物质保障。王亚坤、武传玺[30]认为，我国群众性体育赛事运作效果不佳，建议通过政府职能转变、突破制度路径等方式来规范群众性体育赛事的运作过程，激发群众的参与热情。

2.4　我国群众性体育赛事发展现状与对策研究

在取消群众性体育赛事审批制度，以及推动体育竞赛表演业、健身休闲产业高质量发展的宏观背景下，我国群众性体育赛事迎来了广阔的发展空间，但在实践发展过程中也暴露了很多问题。

陈笛[31]对上海市郊区群众体育发展的现状进行了研究，认为上海市群众性体育参与人群分布不均、体育活动场所不足、运动动机单一、体育消费额较高等问题是影响上海群众性体育发展的主要问题。任海[32]认为，体育是社会生活的重要内容，群众体育与社会建设相结合，为我国体育开辟了广阔的发展前景。贾志强[33]指出，我国群众性体育将成为未来发展的"主旋律"。张扬[34]从运作模式、运作现状、参赛者对赛事的运作认识、影响参赛的主要因素、存在问题等方面对上海市杨浦区市民体育大联赛的运作环节进行了较为深入的分析，认为杨浦区市民大联赛除了具有群众性体育赛事的一般特征外，还体现了参与群体的多样性、项目设置内容的丰富性、竞赛模式的社会化等特点。周尤、李明平[35]指出，大型群众性体育赛事蕴含着巨大的经济价值与社会价值，对推动体育产业供给侧改革具有重要的现实意义。周彪、李燕燕[36]指出，群众性体育赛事作为全民健身的引领者，将在体育发展新常态中呈现井喷式发展势头。

总结上述学者的观点：我国群众性体育赛事目前存在社会力量介入不足、奖励机制不完善、社会宣传效果不佳、政府角色定位不准确、缺乏必要的监督和引导、市场开发力度不足、群众性体育赛事管理结构不合理、赛事经费来源比较单一、群众性体育竞赛项目设置单一化、赛事评价机制不完善、赛事专业管理人才缺乏、赛事相关资源开发不足、运作模式落后、缺乏品牌意识、赛事供需矛盾突显、相关制度路径依赖、群众性体育赛事运作效果不佳、赛事服务体系薄弱、赛事资源难以协调与统一、赛事服务质量有待提升等问题。对此，有学者提出了有针对性的解决措施，如强化政府职能转变、扩大群众性体育赛事服务供给、丰富赛事类型、突破制度路径依赖、加强市场监管、增强群众性体育赛事多元协同能力、转变群众性体育赛事运作模式、强化群众性体育赛事品牌意识、规范群众性体育赛事运作过程、激发群众参与热情等。[37]

3. 群众性体育赛事的概念

关于群众性体育赛事的概念，学者们基于研究视角提出了各自的观点。群众性体育赛事在体育竞赛思维的基础上逐步发展而来，其核心离不开体育竞赛。"群众性体育赛事"属于"体育赛事"的下位概念，即群众性体育赛事的下属概念是体育赛事。从参赛主体分析，群众性体育赛事的参与者大多数是广大普通体育爱好者，也有专业运动员和退役运动员的参与，但相对较少；从参赛目的分析，群众性体育赛事的主要目的是强身健体、休闲娱乐、丰富业余文化生活等；从组织形式分析，群众性体育赛事的组织形式具有项目管理特征；从活动内容分析，群众性体育赛事是由体育项目限定其活动内容；从参与形式分析，群众性体育赛事是参赛运动员在一定竞赛规则的约束下，由比赛双方（或多方）经过竞争，决出胜负或排名。

因此，本书认为：群众性体育赛事是指以群众为参与主体，以满足群众健身、休闲、娱乐、社交为目的，以体育项目竞赛为内容，具有正式的组织管理结构，在一定竞赛规则的约束下，通过竞争和对抗决出胜负或排名，以群众体验参与为主要形式的公开性社会活动。

群众性体育赛事是体育赛事的一个子集、一种概念，随着社会的发展和人们生活水平的提高，人们对群众性体育赛事的需求也会相应增多。

4. 群众性体育赛事的分类

根据研究需要，本书将群众性体育赛事按照政府在组织运作中扮演的角色分为两类：（1）行政主导型群众性体育赛事；（2）社会自主型群众性体育赛事。

4.1　行政主导型群众性体育赛事

行政主导型群众性体育赛事主要以政府行政职能部门，省、市、区、县体育局、人民政府为运作主体，目的是促进某个运动项目在当地的发展，吸引群众参与这项运动，鼓励全民健身，同时推动当地经济、文化、社会等的发展。因此，行政主导型群众性体育赛事规模大、覆盖面广，对于促进全民健身活动的开展起了很好的引导作用。

4.2　社会自主型群众性体育赛事

社会自主型群众性体育赛事通常由体育协会、赞助商、企业单位等为运作主体，是群众自主自愿开展的体育赛事，具有规模小、参与面小的特点。社会自主型群众性体育赛事的项目设置主要围绕竞技性、娱乐性和趣味性展开，组织方式灵活多样、操作方便可控。但社会自主型群众性体育赛事资金筹措困难、缺乏专业性指导，社会影响相对较小。

5. 群众性体育赛事的特征

5.1　群众性体育赛事的参与性

群众性体育赛事的参与性指的是参赛运动员的构成与职业体育赛事不同。群众性体育赛事的参赛运动员大多数是群众，是体育运动爱好者。群众利用自己的闲暇时间，增强体质、满足健身需求。通过群众性体育赛事，调节群众的身心健康，丰富群众的业余体育文化生活。因此，群众的积极参与性就成为群众性体育赛事的基本特征之一。

5.2 群众性体育赛事的健身性

群众性体育赛事和职业体育赛事最大的不同在于竞赛目的的不同，职业体育赛事旨在追求更高、更快、更强，获取最优异的运动成绩，追求突破人类极限，夺取比赛的最终胜利；而群众性体育赛事淡化了比赛的竞技性，更加注重比赛的健身价值，注重群众的健身性、参赛的幸福感和快乐感。

5.3 群众性体育赛事的娱乐性

娱乐性是我国群众性体育赛事的基本属性，也是赛事举办方和赛事组织者举办赛事的根本宗旨。群众性体育赛事的娱乐性可以表现为缓解群众的社会压力，娱乐群众的身心。因此，无论其规模大小、参与人数多少，只要参赛者和观众都能感到快乐，那么这场赛事就发挥了它的作用。归根到底，群众性体育赛事本身的娱乐性和趣味性是群众积极报名参赛的主要原因。

5.4 群众性体育赛事的服务性

群众性体育赛事以提供服务为主要特点。由于群众性体育赛事是以群众自愿参加为主要形式的社会活动，因此根据群众的需求，提供相应的体育服务就成为群众性体育赛事活动的主要任务。

我国群众性体育赛事除以上特征外，在提升公共体育服务方面还具有以下特征：（1）推进全民健身，让群众喜爱运动、参与运动、享受运动的乐趣；（2）通过举办群众性体育赛事，满足群众的业余体育文化需求；（3）通过举办群众性体育赛事，提高群众整体的健康水平；（4）通过举办群众性体育赛事，增强群众的体育消费意识；（5）举办群众性体育赛事，有利于我国传统体育文化的发展。

6. 群众性体育赛事与职业体育赛事的区别和联系

6.1 群众性体育赛事与职业体育赛事的区别

6.1.1 群众性体育赛事和职业体育赛事对于参赛者的要求不同

群众性体育赛事面向的是群众，只要身心健康、热爱体育运动的群众都可以报名参加，不限制参赛者职业；职业体育赛事主要针对受过专门训练的职业运动员或专业运动员，参赛者一般都代表该国家或地区的最高水平，并且每个国家或地区的参赛人数都有一定的名额限制，如奥运会、世界杯足球赛等超大型国际体育比赛。

6.1.2 群众性体育赛事和职业体育赛事对于组织者的专业性要求不同

由于群众性体育赛事和职业体育赛事的规模和影响力不同，因此赛事组织者、赛事策划方案、赛事目标都有区别。群众性体育赛事的举办方可以是国家体育总局，也可以是一些大型企业或各运动项目协会，更可以是体育俱乐部或一些民间组织。他们对于赛事组织管理方面的知识可能还比较欠缺，缺乏赛事管理理论体系；而职业体育赛事一般要求赛事举办方必须具备专业的管理知识和成熟的大型体育赛事运作能力。相对于群众性体育比赛，职业体育赛事的组织管理更加成熟和系统。

6.1.3 群众性体育赛事和职业体育赛事的影响力不同

由于职业体育赛事无论在赛事规模还是在观赏性、视觉冲击力上都远远超过群众性体育赛事，因此职业体育赛事的影响力远大于群众性体育赛事，如奥运会、世界杯足球赛等，在提升举办国或地区知名度的同时，也能促进该国或地区经济、政治、文化的发展；而群众性体育赛事只能在举办城市或地区等相对小的范围内产生积极影响。如果说群众性体育赛事的影响力是地区性的，那么职业体育赛事的影响则是世界性的。

6.2 群众性体育赛事与职业体育赛事的联系

群众性体育赛事和职业体育赛事作为现代体育活动的两条主干，两者相辅相成、相互影响、相互促进，对我国走上体育强国之路功不可没。

群众性体育赛事不仅扩大了体育项目的参与面和普及度，也为职业体育人才的储备打下了很好的基础。职业体育赛事以其独有的魅力带动了全民健身的发展，引导更多群众参与体育锻炼；而群众性体育赛事则让更多的体育"草根"爱好者参与体育比赛，享受运动的乐趣，并为职业体育的发展打下群众基础。如果用"金字塔"比喻两者的关系，那么职业体育代表高度，群众体育则代表广度。我国向体育强国的迈进离不开职业体育和群众体育的协同发展。职业体育赛事能为群众性体育赛事的管理提供宝贵的经验，群众性体育赛事能为职业体育赛事的创新提供宝贵的思路。

7. 群众性体育赛事的组织管理

群众性体育赛事包括赛前准备阶段、赛事举办阶段和赛后收尾3个阶段（见图2-13）。

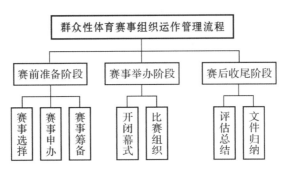

图 2-13　群众性体育赛事组织运作管理流程

7.1　赛前准备阶段

群众性体育赛事赛前准备阶段包括赛事选择、赛事申办、赛事筹备3个阶段，3个阶段没有明显划分，只是侧重点不同而已。

7.1.1　群众性体育赛事项目的选择

中小城市选择适合本城市或本地区的群众性体育赛事项目，是群众性体育赛事组织运作机构的起点，也是群众性体育赛事组织运作机构能否成功的首要条件。群众性体育赛事项目选择的动机、需求不同，其组织运作机构需要衡量和评价的影响因素也不同。

政府机构对群众性体育赛事项目的选择，通常是经过综合考虑后再作决策。政府主要考虑的是，通过举办群众性体育赛事，促进当地或地区文化、经济等的发展；展示当地或地区的形象，改善当地或地区的投资环境。

这是政府举办大型群众性体育赛事的初心。

政府机构在选择群众性体育赛事项目的过程中应考虑以下 3 个方面的因素。

首先，要考虑当地的体育传统和体育文化因素。因为不同的体育运动项目在不同城市或地区受欢迎的程度不同，给举办城市或地区带来的影响也截然不同。

其次，政府在选择群众性体育赛事项目时，应该考虑举办城市或地区的地理和人文因素。在前期调研的基础上，政府应该更多地考虑申办怎样的赛事项目，而不应该只追求流行的赛事项目；应该从融合当地地域环境、人文传统和当地特色体育运动项目来考虑。这对于办好群众性体育赛事，给举办城市或地区带来相应的经济和社会效益具有很大的影响。

最后，对于申办群众性体育赛事的城市或地区而言，政府应该考虑举办地的经济实力，对举办地经济发展水平、当地群众的消费水平和当地政府的财政状况要有一个全面的评估，并基于客观评估选择申请与举办地切合的群众性体育赛事。如果选择超出举办地经济所能承受的赛事项目，不仅不会给举办地带来经济效益，还会对举办地的经济造成很大的负面影响。

非政府机构举办群众性体育赛事除了考虑以上 3 个方面外，还需要考虑以下 4 个方面的因素。

首先，非政府机构举办群众性体育赛事应该考虑经济效益的问题，即举办群众性体育赛事能否给赛事运作方、举办城市或地区带来经济效益，这才是赛事运作方最为关注的核心问题。

其次，非政府机构应该考虑当地政府对群众性体育赛事申办的态度问题。如果举办地政府不支持举办大型群众性体育赛事，那么就会影响赛事的整体运作成本，因为大型群众性体育赛事运作管理涉及政府职能部门，如交通、安保、市政建设等。如果当地政府持大力支持的态度，那么赛事运作就成功了一半。

再次，非政府机构应该考虑群众性体育赛事运作资金的问题。赛事运作方一定要关注现金流（如现金总量和现金分布）。当赛事启动时，如果现金分布不合理，出现资金链断裂等问题，就会影响赛事筹备的整个进程，导致赛事运作方出现经济损失。

最后，无论政府还是非政府机构运作群众性体育赛事，都需要考虑赛事运作的专业人才和专业经验问题。合适的专业人才和相关的专业经验可以在赛事申办和筹备过程中避免一定的风险，使赛事组织运作能够顺利进行。

7.1.2 群众性体育赛事申办

在前期调研的基础上，赛事组织运作机构一旦决定申办某个群众性体育赛事，就应该组建群众性体育赛事申办工作组，调配专人负责体育赛事的申办工作，制定申办计划并呈报申办事项。在赛事主管部门认为符合申办条件，同意并接受其申请书后，组织机构则被接纳为群众性体育赛事的申办单位。

在整个群众性体育赛事选择和申办过程中，《群众性体育赛事申办报告书》是一份相当重要的文件。它既是申办单位组织赛事的主体方案，也是主管部门（审批者）对赛事申报材料进行评估、分析的主要依据之一。

《群众性体育赛事申办报告书》获得审批通过，则视同于申办政府或组织向体育赛事主管机构和公众作出的承诺书。群众性体育赛事组织承办单位需要在申办报告的基础上，制定详尽的总体计划来保障赛事有计划、有步骤地推进和实施。

群众性体育赛事的申办一般按照以下步骤进行（见图2-14）。

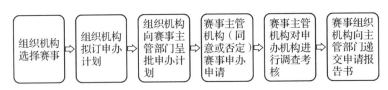

图2-14　群众性体育赛事申办步骤

此外，群众性体育赛事的申办原则一般是谁主管、谁审批、谁负责、谁管理、谁申办、谁承办。

7.1.3 群众性体育赛事筹备工作

群众性体育赛事筹备工作是指赛事组织运作管理机构从取得群众性赛事承办权到群众性体育赛事正式举行前所进行的一切准备工作。群众性体育赛事筹备工作的时间跨度和工作内容由赛事规模决定。

群众性体育赛事筹备阶段可分为基础性筹备阶段、综合性筹备阶段、测试阶段（见图2-15）。群众性体育赛事筹备工作的3个阶段没有严格的时间界限，可以根据情况进行调整。

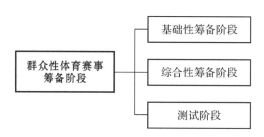

图 2-15 群众性体育赛事筹备阶段

群众性体育赛事基础性筹备阶段的主要任务是：（1）成立体育赛事组织运作管理机构；（2）配备人力资源；（3）明确工作职责；（4）制定赛事总计划；（5）选择比赛场馆或场地；（6）启动赛事宣传及市场开发；（7）为综合性筹备阶段做好准备。

群众性体育赛事总计划是群众性体育赛事筹备工作的提纲，影响并指导赛事的整体组织运作过程。

群众性体育赛事综合性筹备阶段的主要任务包括以下内容：（1）赛事组织；（2）新闻宣传；（3）文化活动；（4）观众服务；（5）气象保障；（6）医疗卫生；（7）通信交通；（8）后勤接待；（9）人力资源；（10）财务审计；（11）市场开发；（12）运动员兴奋剂检测等。

群众性体育赛事综合性筹备阶段的主要任务是按照体育赛事总计划进行全面部署，协调各项工作，是筹备阶段的主体阶段。此阶段工作量最多、最大，内容涉及方方面面，直接关系赛事的顺利进行和赛中风险预防。

群众性体育赛事测试阶段主要包括测试赛和测试其他运转两部分。该阶段的主要任务是模拟比赛过程中的赛事运作流程。通过全面检查和调试，组委会各部门能够更好地衔接，预防比赛过程中可能出现的意外，并及时发现问题、解决问题，为赛事的正常进行打下基础。

7.1.3.1 群众性体育赛事总计划制定流程

群众性体育赛事总计划的制定是一项专业性很强的技术工作，应该由体育赛事组织运作的专业人员和拥有丰富赛事管理经验的专家共同完成，图2-16是群众性体育赛事总计划制定的流程。

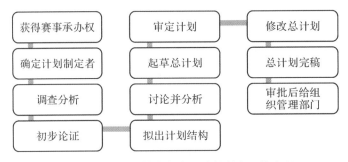

图 2-16　群众性体育赛事总计划制定工作流程

群众性体育赛事总计划内容包括：（1）赛事名称；（2）组织机构表述；（3）赛事规划与描述；（4）赛事主题和指导思想表述；（5）赛事内容；（6）赛事规模；（7）赛事安排表述；（8）赛事资源与取得资源方法的表述；（9）群众性体育赛事的主题活动；（10）与赛事相关活动的组织与实施表述。

群众性体育赛事总计划在制订时，有如下注意事项。第一，群众性体育赛事总计划拟订的目标要明确。在中小城市举办群众性体育赛事时，要在申办前明确赛事定位、赛事目标。第二，群众性体育赛事总计划涉及的内容要全面。在中小城市举办群众性体育赛事时，要把赛事的运作管理看成一个整体系统，需要各部门协同合作。第三，群众性体育赛事总计划要制定科学、高效的工作进度。在中小城市举办群众性体育赛事时，要按照项目管理的方法列出需要完成的任务清单，确定需要完成的任务顺序，分配需要完成的时间和日期，明确相关责任单位和责任人的责任及工作要求。

7.1.3.2 群众性体育赛事运作管理机构的设置

常见的赛事组织结构类型有单一型组织结构和职能型组织结构。群众性体育赛事单一型组织结构的特点是所有决策权都掌握在最高管理者手中，适合举办规模较小的群众性体育赛事（见图2-17）。

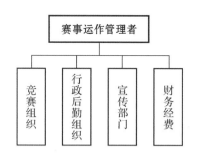

图 2-17 群众性体育赛事单一型组织结构

群众性体育赛事职能型组织结构是将组织按照职能分成各个部分，这种方式适合于大型群众性体育赛事的运作管理，强调的是各部门的合作和工作人员的专业化（见图2-18）。

图 2-18 群众性体育赛事职能型组织结构

7.1.3.3 群众性体育赛事筹备工作的内容

（1）制定竞赛规程、秩序册、竞赛规则。群众性体育赛事的竞赛规程是竞赛管理的纲领性文件，是群众性体育赛事竞赛管理工作的最高权威指导，是技术组织者与参赛者都必须遵循的。

群众性体育赛事的竞赛规程包括以下内容：①赛事全称和简称；②竞赛日期和地点；③竞赛项目；④参赛单位；⑤运动员资格；⑥参赛办法；⑦竞赛办法；⑧兴奋剂检测；⑨录取名次；⑩奖励办法；⑪公布名次；⑫报名和报到；⑬技术官员和仲裁委员会；⑭未尽事宜和规程解释权。

秩序册是编排工作的文字体现。秩序册一般由赛事承办单位的竞赛部门负责编制，由主办单位审定。群众性体育赛事秩序册包括以下内容：①比赛名称；②比赛日期和地点；③主办单位、承办单位；④竞赛组织结构图；⑤竞赛规程和补充规定；⑥组委会、各部人员名单，各场馆、竞赛项目委员会和仲裁委员会、裁判长名单；⑦参赛单位名单；⑧参赛运动员名单；⑨竞赛总日程表；⑩竞赛相关活动日程表；⑪竞赛分组。

（2）建立群众性体育赛事竞赛管理组织机构。群众性体育赛事竞赛管理组织机构没有固定模式，与赛事规模、规格、复杂程度、项目特点、主办单位的要求有关，也与赛事组织者的人力、财力、物力资源等有关。一般来说，群众性体育赛事竞赛部下设秘书处、竞赛处、场地器材处以及颁奖礼仪处（见图 2-19）。

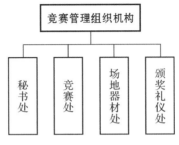

图 2-19 竞赛管理组织机构

（3）规划场馆、场地、设备、器材。场馆、场地、设备、器材是实现群众性体育赛事管理必备的物质条件，各类场馆必须按照竞赛规则的要求来准备。

（4）运动员报名和注册。注册是对运动员取得参赛资格的认定，报名是前期根据群众性体育竞赛规程、规则，对参加赛事的各类人员（运动员、教练员、裁判员、媒体记者、工作人员等）的资格的认定和制证的依据。

（5）选派技术代表和技术官员。技术代表是主办单位负责竞赛业务的最高指导，全权处理竞赛工作中出现的各种问题，领导仲裁委员会。其中，技术官员包括：仲裁委员、裁判员、辅助裁判员等。

（6）群众性体育赛事市场开发。群众性体育赛事市场开发是赛事筹备阶段的重要工作，是群众性体育赛事运作管理机构立足于赛事所拥有的各种资源，以平等交换为原则的市场行为，如广告业务、企业赞助等。总之，群众性体育赛事市场开发是尽一切可能增加赛事效益的过程（见图2-20）。

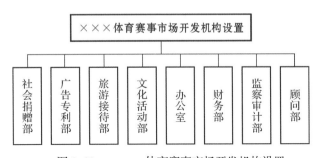

图2-20　×××体育赛事市场开发机构设置

（7）群众性体育赛事后勤保障。群众性体育赛事后勤保障工作主要是做好后勤服务工作，为参赛运动员、教练员、裁判员、媒体记者、工作人员等各类相关群体提供安保、交通、住宿、餐饮等一系列服务的工作集合。

群众性体育赛事后勤保障工作的主要内容有以下几个方面。①办公协调工作。办公协调工作是在群众性体育赛事组织管理过程中开展的组织、协调、监督、检查以及后勤保障等各项工作。②场馆建设工作。场馆建设工作是为举办群众性体育赛事提供必要的硬件设施。③财务工作。财务工作是对群众性体育赛事资金进行规划和控制的工作，包括整体规划、预算编制、收支管理等内容。④安全保卫工作。安全保卫工作是群众性体育赛事成功举办的根本保障，也是赛事成功的主要标志。⑤接待工作。接待工作主要是在群众性体育赛事举办期间，对赛事相关人员的交通、迎送、餐饮、住宿等的服务。⑥医疗卫生工作。医疗卫生工作分为医疗救治、卫生检查、疾病预防等方面。

7.2 群众性体育赛事举办阶段

群众性体育赛事举办阶段是指从体育赛事正式开始举行直至全部比赛结束的阶段。

群众性体育赛事举办阶段的主要任务包括：（1）按竞赛规程和规则组织竞赛；（2）按总计划组织实施相关活动，主要包括开幕式、闭幕式和竞赛组织。

7.2.1 开幕式和闭幕式

群众性体育赛事的开幕式，标志着赛事的成功开始；其闭幕式，标志着赛事的圆满完成。鉴于此，开幕式和闭幕式的组织实施需要多个部门配合完成。

7.2.2 竞赛组织

竞赛组织工作是群众性体育赛事工作的核心环节。群众性体育赛事运作最核心、最重要的工作就是参赛运动员的竞赛组织工作，其他一切工作都围绕竞赛组织进行。

群众性体育赛事竞赛组织工作主要包括：运动员报名、资格审查、抽签、编排、点名、检录、比赛等。

7.3 群众性体育赛事收尾阶段

群众性体育赛事收尾阶段就是按照赛事申办报告和赛事总计划完成全部竞赛组织工作后，对赛事进行总结，并归档相关重要资料的过程。对赛事运作管理工作进行全面评估总结，是群众性体育赛事收尾阶段最为重要的工作之一。

参考文献

[1] 国家体育总局.拼搏历程　辉煌成就——新中国体育60年[M].北京：人民出版社，2009：6-7+160.

[2] 田雨普.新中国60年体育发展战略重点的转移地回眸与思索[J].体育科学，2010，30（1）：3-9+50.

[3] 夏成前，田雨普.新中国农村体育发展历程[J].体育科学，2007，27（10）：32-29.

[4] 李友梅，等.中国社会治理转型（1978—2018）[M].北京：社会科学文献出版社，2018：1，11+26-27.

[5] 伍绍祖.中华人民共和国体育史综合卷（1949—1998）[M].北京：中国书籍出版社，1999：Ⅲ，29，54，340.

[6] 易剑东，任慧涛，朱亚坤.中国体育发展方式历史沿革研究[J].北京体育大学学报，2014，37（11）：1-8.

[7] 董红刚.我国体育治理演进研究[J].武汉体育学院学报，2018，52（9）：18-24.

[8] 国务院.关于加快体育产业发展　促进体育消费的若干意见[EB/OL].(2014-10-20)[2021-09-10]. http://www.gov.cn/zhengce/content/2014-10/20/content_9152.htm.

[9] 搜狐网.中国马拉松大数据：赛事1100+参赛人次500万[EB/OL].(2018-1-26)[2021-10-11].http://www.sohu.com/a/219163415_501223.

[10] 国家体育总局.体育发展"十三五"规划[EB/OL].(2016-05-05)[2021-09-10].http://www.sport.gov.cn/n10503/c722960/content.html.

[11] 中共中央，国务院."健康中国2030"规划纲要[EB/OL].(2016-10-25)[2021-10-11].http://www.gov.cn/gongbao/content/2016/content_5133024.htm.

[12] 国务院办公厅.关于印发体育强国建设纲要的通知[EB/OL].(2019-09-02)[2021-10-12].http://www.gov.cn/zhengce/zhengceku/2019/09/02/content_5426485.htm.

[13] 国务院办公厅. 关于促进全民健身和体育消费推动体育产业高质量发展的意见 [EB/OL].(2019−9−17)[2021−10−13].http://www.gov.cn/zhengce/content/2019−09/17/content_5430555.htm.

[14] 国家体育总局. 体育赛事活动管理办法 [EB/OL].(2020−03−16)[2021−10−23]. https://www.sport.gov.cn/n315/n20001395/c25071703/content.html.

[15] 杨桦. 深化体育改革推进体育治理体系和治理能力现代化 [J]. 北京体育大学学报，2015，38（1）：1−7.

[16] 刘清早. 体育赛事运作管理 [M]. 北京：人民体育出版社，2006.

[17] 王雷. 北京市社区体育赛事组织现状的调查研究 [D]. 北京：首都体育学院，2008.

[18] 陈立农. 大众体育赛事组织形式研究 [J]. 体育文化导刊，2008（9）：12−14+27.

[19] 王艳. 政府在群众性体育赛事中的角色定位研究 [D]. 上海：上海体育学院，2010.

[20] 钟天朗，徐琳，陈剑昌，徐敏，朱静，杨大铸. 上海社区体育赛事组织与管理的现状及对策 [J]. 体育科研，2011（3）：13−18+30.

[21] 冯加付，殷谦，章情. 群众性体育赛事概念辨析与界定 [J]. 哈尔滨体育学院学报，2020，38（4）：39−44.

[22] 王艳，等. 论政府在上海群众性体育赛事中的角色定位 [J]. 南京体育学院学报，2010，24（4）：85−89.

[23] 谭思维. 我国大型群众性体育赛事的管理研究——以"谁是球王"为例 [D]. 湘潭：湘潭大学，2015.

[24] 马谨. 完善河北省群众性体育赛事组织管理的对策研究 [D]. 保定：河北大学，2016.

[25] 王亚坤，武传玺. 我国群众性体育赛事服务外包研究 [J]. 体育文化导刊，2018（8）：54−58.

[26] 冯剑. 群众体育赛事从管理到治理：动力、逻辑与路径 [J]. 西安体育学

院学报，2018，35（3）：334-337.

[27] 李玉健.我国大城市大众体育赛事营销发展现状研究 [J].成都体育学院学报，2006，32（5）：21-23.

[28] 陈立农，等.我国大众体育竞赛的商业价值研究 [J].西安体育学院报，2008，25（2）：15-18.

[29] 许治平，董小龙.我国大城市大众体育赛事市场营销的社会背景分析 [J].西安体育学院学报，2006，23（1）：18-21.

[30] 王亚坤，武传玺，彭响.新时代我国群众体育赛事发展困境及优化路径 [J].体育文化导刊，2018（11）：1-5.

[31] 陈笛.上海市奉贤区大众体育发展现状调查研究 [D].上海：上海体育学院，2010.

[32] 任海.以群众体育促进社会建设 [J].北京体育大学学报，2014，37（9）：1-9.

[33] 贾志强.群众体育：我国体育发展的主旋律 [J].北京体育大学学报，2015，38（1）：8-14.

[34] 张扬.上海市杨浦区市民体育大联赛的运作现状与发展对策研究 [D].上海：上海体育学院，2016.

[35] 周尤，李明平.新时代我国大型群众性体育赛事的发展困境与改革策略 [J].中国学校体育（高等教育），2018，11（5）：18-22.

[36] 周彪，李燕燕.我国群众性体育赛事发展困境及对策研究 [J].湖北体育科技，2018，37（7）：565-568.

[37] 周尤，李明平.新时代我国大型群众性体育赛事的发展困境与改革策略 [J].中国学校体育（高等教育），2019（3）：74-78+91.

第三部分
群众性体育赛事风险管理研究

群众性体育赛事风险管理理论

1. 群众性体育赛事风险管理目前存在的问题

目前，研究群众性体育赛事风险管理的学者比较少，大部分学者关注的焦点是大型综合性体育赛事。2014 年，国务院印发的《关于加快发展体育产业促进体育消费的若干意见》[1]（即 "46 号" 文件）和国家体育总局印发的《关于推进体育赛事审批制度改革的若干意见》[2]，对群众性体育赛事的审批制度进行改革，明确取消群众性体育赛事审批制度。自此，我国的群众性体育赛事开始呈井喷式发展。但有关中小城市群众性体育赛事风险管理的研究没有跟上赛事发展的速度，出现了一系列新的问题。如 2021（第四届）黄河石林越野赛发生的重大安全事故，就是赛事组织者对风险的认识不足和参赛运动员体育运动风险意识淡薄造成的。[3] 此次重大赛事安全事故给我们体育工作者敲响了群众性体育赛事风险管理的警钟，警醒我们要加强群众性体育赛事风险管理相关理论和实际应用的研究，填补中小城市群众性体育赛事风险管理研究的空白，从而使群众性体育赛事安全、有序、健康、良性地发展。

1.1 我国群众性体育赛事组织者风险意识淡薄

随着 2014 年 "46 号" 文件的出台，我国群众性体育赛事也在不断向市场化方向发展。群众性体育赛事的举办要按照市场规律进行，但赛事组织者对不同体育赛事的举办已经养成了一种"依赖"思想，并没有跟上目前市场化发展的步伐。尤其在中小城市举办的群众性体育赛事中，赛事组织者、教练员、裁判员、参赛运动员等相关人员都没有太多的风险意识，赛事风险管理也是按照以往的经验来应对，没有意识到体育赛事本身就是一个高风险的运动，也没有意识到赛事风险管理的重要性和商业价值。这种模式让赛事组织者、运动员、教练员、裁判员等相关工作人员养成了"惯性"思维，即任何赛事组织管理的相关问题最终都会由国家负责解决。由于"惯性"所致，相关工作人员对赛事风险细节的关注并不多、风险意识淡薄，导致中小城市群众性体育赛事安全事故频发。

1.2　我国群众性体育赛事参赛运动员风险知识储备不足

在群众性体育赛事的举办过程中，参赛的退役运动员或专业运动员，由于长期进行专门的训练，对风险的自我规避多少会有一定的认识。但在中小城市举办的群众性体育赛事中，参赛运动员大部分是体育运动爱好者，并没有赛事风险相关知识的储备，在群众性体育赛事中如遇突发事件，就会束手无策。如2021（第四届）黄河石林越野赛在突发极端天气的情况下，如果参赛运动员比赛经验丰富、对赛事风险有一定的认识，及时选择放弃比赛，就不会出现21人死亡的重大安全事故。因此，面向群众性体育赛事运动员普及风险知识尤为重要。事实告诉我们，无论赛事组织者还是参赛运动员，都必须具备风险意识。

1.3　我国群众性体育赛事风险管理体系不完善

2021（第四届）黄河石林越野赛重大安全事故的发生，让我们清醒地认识到我国中小城市群众性体育赛事风险管理体系极其不完善。通过对近几年群众性体育赛事安全事故的统计发现，群众性体育赛事安全事故其实一直伴随赛事发展。究其原因，主要是赛事风险管理体系不完善，具体表现在以下4个方面。

第一，群众性体育赛事某些项目管理归口出现问题，尤其是新兴运动项目。如2021（第四届）黄河石林越野赛就存在管理空白。此次重大安全事故发生后，我们才发现越野跑运动目前是由中国田径协会和中国登山协会共同管理。中国田径协会和中国登山协会相继颁布了有关越野跑的管理办法，导致体育协会之间的管辖范围出现了交叉地带和监管空白，反而不利于群众性体育赛事的管理。

第二，群众性体育赛事的风险管理没有按照赛事运作步骤执行。我们发现中小城市在筹备群众性体育赛事的过程中，并没有按照赛事运作的流程考虑赛事风险管理的问题。如果我们把群众性体育赛事看成一个大的系统体系，从赛事举办的运作过程来看，在赛前准备阶段、比赛阶段、赛后收尾阶段都存在发生风险的可能性。因此，群众性体育赛事风险管理应贯穿赛事举办的整个过程。只有重视赛前风险识别、评估和预测，比赛阶段和赛后收尾阶段才能从容应对发生的安全事故。

第三，群众性体育赛事风险管理的实体太少。赛事风险管理实体最主要的是第三方或保险公司，而我们和欧美等职业体育比较发达的国家相比，针对体育赛事和运动项目特点的保险险种较少。1998 年，体操运动员桑兰参加在纽约举行的第四届美国友好运动会时发生意外事故，使我国体育界和保险界认识到了体育保险的重要性和作用。但我国体育保险的险种比较单一，针对运动项目的体育保险产品不多，还有待进一步挖掘和开发。

第四，群众性体育赛事应急预案不完善。只要是赛事，就伴随风险管理问题，而完善的应急预案是规避风险的最佳手段。中小城市群众性体育赛事应急预案的制定就是为了在比赛过程中降低或转移风险损失，其是在了解比赛目的的基础上对比赛环境、场馆等进行风险识别，找出风险因素，进行科学的计划与安排。赛事组织者在制定应急预案后，应开展突发事件应急演练，在演练中发现问题，全面提高应对突发事件的处置能力。而中小城市群众性体育赛事为了节约成本没有完善的应急预案，只有赛事组织者的经验知识，并没有形成规章制度。

2. 群众性体育赛事风险的概念

群众性体育赛事风险是在群众性体育赛事组织和举办的过程中，由于风险因素产生或增加引起风险事件的发生而导致或超出赛事组织者预期，并对群众性体育赛事造成损害的潜在可能性。群众性体育赛事风险是一种潜在的可能性，并非一定会发生（见图 3-1）。

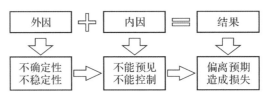

图 3-1　群众性体育赛事风险的概念

2.1　群众性体育赛事风险的构成要素

群众性体育赛事风险由风险因素、风险事件、风险损失共同构成，三者共同形成一个组合体。在一定条件下，一旦群众性体育赛事风险概率增大，在赛事某一组织管理过程中发生风险事件，便会造成一定的损失。

2.1.1　风险因素

群众性体育赛事风险因素是指在赛事组织管理过程中能产生或增加损失频率、损失程度的要素。在赛事组织管理过程中，只有那些不利于群众性体育赛事顺利进行的因素才是风险因素。只要在赛事组织管理过程中发现这些因素，就必须及时采取相应措施，避免或减少这些不利因素的影响，即寻找、判断、消除、抑制风险源的过程。

2.1.2　风险事件

群众性体育赛事风险事件是指在群众性体育赛事风险管理过程中，直接导致损失或偶然发生的"随机事件"。

2.1.3　风险损失

群众性体育赛事风险损失是指在群众性体育赛事风险管理过程中发生的非预期、非故意、非计划的损害。

2.1.4　群众性体育赛事风险因素、风险事件和风险损失之间的关系

群众性体育赛事风险由风险因素、风险事件和风险损失构成。风险因素产生或增加风险事件，风险事件引起风险损失，这就是群众性体育赛事风险因素、风险事件和风险损失之间的关系[4]（见图 3-2）。

图 3-2　风险因素、风险事件、风险损失之间的关系

3. 群众性体育赛事风险的特征

3.1　群众性体育赛事风险的客观性

群众性体育赛事风险客观存在，不以人的意志为转移。不管群众性体育赛事组织者是否意识到风险，只要有风险的"诱因"出现，风险就有可能出现。因此，我们在群众性体育赛事组织管理过程中就要尽量减少或避免风险因素，及时发现风险源，并想办法及时消除或转移风险因素。

在中小城市群众性体育赛事组织管理的过程中，赛事组织者并不能因为有以往赛事成功举办的经验而麻痹大意，因为在群众性体育赛事举办过程中产生的风险因素是多种多样的，风险产生的过程本来就是不确定的，因此在群众性体育赛事举办过程中要完全避免风险是不可能的。我们只有在赛前根据赛事流程和项目特点积极分析、应对风险，才是消除或转移风险的最佳选择。

3.2　群众性体育赛事风险的突发性

在群众性体育赛事组织管理的过程中，风险事件往往是突然发生的。其实回顾每一次安全事故发生的过程，看似具有偶然性和突发性的事件，都隐含了一定的必然性。因为在每次群众性体育赛事组织管理的过程中，各种风险因素如果达到一定的积累，只要有诱发性因素出现，就是一场不

可避免的风险事件。如 2021（第四届）黄河石林越野赛重大安全事故的发生，看似偶然，其实是客观存在的：天气是诱因，但真正的问题是赛事组织者风险意识淡薄和管理不到位。因此，在中小城市举办的群众性体育赛事中，赛事组织者更要加强风险防范和预警演练，完善赛事组织者的风险防范机制，建立风险预警和应对系统。

3.3　群众性体育赛事风险的可控性

虽然群众性体育赛事风险是客观存在的，具有突发性，安全事故造成的损失可能非常大，但群众性体育赛事风险还是具有可控性的。群众性体育赛事风险的可控性是建立在对赛事风险源科学分析的基础之上。这就需要赛事组织者在体育赛事组织运作的过程中，根据赛事总目标和项目设置情况，通过风险识别、风险评估、风险转移、风险预警等方法和措施，把风险因素降到最低或可接受的水平。

3.4　群众性体育赛事风险的多变性

群众性体育赛事风险的多变性表现在群众性体育赛事组织运作管理过程中，风险因素难以以稳定的形态出现，会受不同外因或内因的因素影响，随不同的环境、时间、地点的变化而变化。我们在赛事组织管理过程中，应该准备几套应急方案和计划，以处理不同类型的风险。

3.5　群众性体育赛事风险的复杂性

群众性体育赛事风险随着赛事规模的扩大、赛事数量和参赛运动员的增多，变得越来越复杂。现代群众性体育赛事风险管理已经超越了群众性体育赛事本身，与政治、经济、文化、宗教等密切联系，加上体育比赛本身具有的高风险、高事故、高伤害的特性，中小城市群众性体育赛事风险的复杂性会表现得越加明显和复杂。

此外，群众性体育赛事除了具有以上特征外，我们还要注意其以下几个方面。（1）运动项目设置不同，安全事故发生的方式也不同。如隔网对抗运动项目和身体接触运动项目的风险是有区别的，前者由于身体对抗性较小，参赛运动员的伤害风险也较小；后者由于对抗竞争激烈，参赛运动员的伤害风险较大。（2）群众性体育赛事规模的不同，风险产生的方式也不同。规模大的群众性体育赛事的风险明显高于规模小的群众性体育赛事。（3）室内项目和室外项目不同，风险发生的方式也不同。室内项目的风险主要来自项目组织者，而室外项目的风险源除组织者外，还应更多考虑自然环境的风险因素。（4）举办城市或地区不同，风险因素也不同。不同的城市或地区由于地域环境和风俗习惯的不同，引发风险的因素也不同。在中小城市举办群众性体育赛事一定要考虑此方面的风险因素。

4. 群众性体育赛事风险的类型

为了便于研究和进行群众性体育赛事风险的管理工作，需要对群众性体育赛事管理过程中可能遇到的风险进行分类。由于体育赛事风险管理研究角度的不同，相关学者对风险管理的分类标准也不同，以下是学者们的分类依据。

4.1 依据群众性体育赛事运作管理阶段划分风险

依据群众性体育赛事运作管理的不同阶段，把群众性体育赛事风险管理分为3个阶段（见图3-3）：第一阶段是群众性体育赛事赛前申办、筹备阶段的风险；第二阶段是群众性体育赛事比赛阶段的风险，主要是群众性体育赛事举办过程中可能出现的风险和对已经发生的损害进行及时决策处理的过程；第三阶段是群众性体育赛事收尾阶段的风险，主要是通过赛事，对存在的风险进行经验教训总结和归档的过程，为下一次举办体育赛事积累经验。不同阶段的风险管理任务有所不同，决定了风险管理的侧重点也是不同的。但每个阶段都有各自的目标和任务，中小城市在举办群众性体育赛事的过程中，要有针对性地对这些目标和任务进行风险干预。

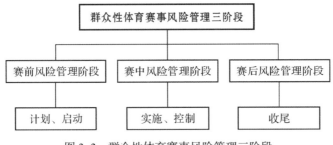

图 3-3　群众性体育赛事风险管理三阶段

（1）群众性体育赛事申办、筹备阶段的风险是指在群众性体育赛事申办过程中，由于申办者自身条件的欠缺和外界条件的不断变化，可能给申办造成损失的一切不确定因素的集合。在群众性体育赛事申办成功后，进入群众性体育赛事筹备阶段，在这一阶段会面临政府是否大力支持、相关企业赞助资金是否到位、赛事门票销售是否按计划进行等一系列不确定因素所带来的风险。

（2）群众性体育赛事实施阶段的风险是指在群众性体育赛事正式举行的过程中，由于人力、财力、物力、气候、场馆、技术等赛事组织管理方面存在的不确定因素，使得群众性体育赛事面临比赛延期、人员伤亡、财物损失等风险。

（3）群众性体育赛事收尾阶段的风险是指在群众性体育赛事结束后的一段时间内，针对体育比赛场馆综合开发利用的风险和在比赛中存在的可能性风险进行归档、经验教训总结的过程。

4.2　依据群众性体育赛事的管理要素划分风险

根据管理学（人、物、财、时间、信息）五要素，将风险管理过程中产生的风险因素划分为人员风险、场地器材风险、财务风险、时间风险、信息风险五部分（见表3-1）。

表 3-1 群众性体育赛事风险管理要素

要素	原因	原因类别	具体内容
人员风险	不安全行为	直接因素	1. 心理因素：盲目、担忧、攀比、投机等 2. 生理因素：年龄、疾病、疲劳、睡眠、身体机能等 3. 知识能力：专业能力、相关常识、沟通能力、应急能力等
场地器材风险	不安全状态		1. 固定设施：老化、障碍、缺陷、安全性差、保护措施不够等 2. 临时设施：设计缺陷、安全性差、布局不合理等
财务风险	管理问题	间接因素	赛事资金的投入与支出
时间风险			1. 赛事时机的选择 2. 赛事时间的安排
信息风险			信息的不准确以及不能及时到达接收方

（1）群众性体育赛事的人员风险主要包括举办方的人员风险，如组委会、志愿者等；外部合作方的风险，如赞助商、供应商、服务商等；赛事参与主体的风险，如运动员、教练员、裁判员、技术官员等；赛事其他人员风险，如来宾、媒体、观众等。同时，由于群众性体育赛事所需的工作人员是由来自不同工作领域的人员临时组建而成，身份比较复杂，因此在对人员风险进行分析时要围绕所有人员全面进行。

（2）群众性体育赛事的财务风险包括资金的投入与支出、产品价格的变化、保险、人工成本等。

（3）群众性体育赛事的场地器材风险主要包括场地、器材自身安全风险和场地、器材给他人带来的风险。

（4）群众性体育赛事的时间风险是指在群众性体育赛事运作过程中，一切受时间因素影响而产生不确定因素的集合。通常，群众性体育赛事的时间管理包括以下两个方面的内容。一是群众性体育赛事的时机选择。如2017年兰州马拉松赛和杭州马拉松赛在同一天举办，中央电视台直播了杭州马拉松赛，这对于兰州马拉松赛的影响特别大，在一定程度上阻碍了其赛事预期效益目标的实现。二是赛事时间的安排。如 2021（第四届）黄河石林越野赛的比赛时间安排，如果推后一个小时或提前一个小时，都可以弱化发生事故的"诱因"。因此，合理的时机选择和时间安排对赛事的顺利举行和赛事预期效益目标的实现具有重要影响。

（5）群众性体育赛事的信息风险主要是指群众性体育赛事信息在传递和交流过程中，由于信息的不准确、不及时等原因导致赛事组织者决策失误。因此，有效的信息沟通可以保证群众性体育赛事各环节相互协调、配合，使赛事组织内部人员明白任务、各司其职，保证赛事的顺利进行，从而使体育赛事组织高效运转。

4.3 依据群众性体育赛事风险的表现形式划分风险

（1）群众性体育赛事自然风险主要有两类：一类是指极端天气、地震、流行疾病等不可抗力，从而导致群众性体育赛事中断、延误甚至取消；另一类是指群众性体育赛事竞赛项目本身具有的高风险，从而导致人身伤害、赛事中断、延误及取消，如攀岩、马拉松、越野跑等极限运动。

（2）群众性体育赛事社会环境风险主要包括国内群众对外国参赛队的抵制以及利益团体制造的各种暴力事件或不合作事件对赛事造成的冲击等。

（3）群众性体育赛事市场风险是导致群众性体育赛事投资失败的核心风险之一。群众性体育赛事投资的市场风险主要体现在两个方面：一是所选赛事的市场需求量，市场需求量越大，投资前景越好；二是市场的接受度，即该体育赛事推出后，要面对消费水平和消费者接受程度差异的问题，其中有很多不确定性因素，具有很强的风险性。

4.4 依据群众性体育赛事风险的来源划分风险

（1）外部风险包括非赛事组织者原因导致的经济风险，如政策变动、利率变动、通货膨胀、环境变化等。外部经济环境复杂多变，任何特异的变化都会给赛事组织者带来相应的经济风险。

（2）内部风险包括组织管理不完善和技术不成熟。

4.5　依据群众性体育赛事风险管理研究的内容划分风险

群众性体育赛事风险管理研究的内容有风险计划、风险识别、风险评估、风险应对。

4.6　依据保险专业角度划分风险

群众性体育赛事面临人身意外伤害风险、财产风险、交通运输车辆风险、责任风险等，包括第三方责任、职业责任、雇主责任、产品责任等。商业保险是转移风险的重要举措。

5.群众性体育赛事风险管理的概念

群众性体育赛事风险管理是指赛事组织者通过对赛前申办和筹备、赛中举办、赛后总结和存档等体育赛事管理过程中存在的可能危害其利益的不确定性因素进行识别、评估、分析和衡量，采用合理的技术手段对存在的风险因素进行处理，达到降低或转移风险并以最低的成本获得最大的安全保障的一种赛事风险管理活动。

群众性体育赛事的组织筹备阶段，从某种意义上讲就是对群众性体育赛事各类风险的管理过程。此外，群众性体育赛事的风险管理需要配备专门的人力、物力和财力等资源，在比赛筹备阶段进行赛前设计、应急计划和突发事件实施方案的制定，以便在风险爆发后开展紧急施救。

6.群众性体育赛事风险管理的特征

6.1　现代群众性体育赛事风险管理是主动应对管理

随着群众性体育赛事比赛规模的扩大、参赛人数的增多，组织过程变得越来越复杂。我们过去对风险管理是被动反应，现在我们要转变观念，积极主动管控风险，走风险预防和风险减损相结合的新路子，重视风险管理人员的培训，发挥外部专业性风险管理公司的作用。

6.2 现代群众性体育赛事风险管理是全过程风险管理

现阶段，传统的风险应对模式已经不能满足现代群众性体育赛事风险管理的需要。现代风险管理已经进入一个全方位、多层面的综合管控阶段，需要政府、举办城市或地区、组委会、社会安保机构等的参与和支持。我们要从过去单项性局部的风险管理，转变为涉及赛事组织全过程的综合性管理。

7. 群众性体育赛事风险管理的原则

7.1 全面性原则

群众性体育赛事风险管理的全面性原则是指在制订中小城市群众性体育赛事风险计划时，需要全面、系统地鉴别影响赛事的潜在风险因素，尤其不能遗漏重要的风险源。在群众性体育赛事举办前要有详细的赛事计划安排，可以从赛前筹备阶段、赛中比赛阶段和赛后收尾阶段所处的环境、项目内容、人员等方面全面了解存在的风险源，以便能够及时为赛事组织者提供详细完备的决策信息。

7.2 目标性原则

群众性体育赛事风险管理的目标性原则是指群众性体育赛事的举办涉及面比较广、风险因素众多、风险层次比较复杂，在群众性体育赛事举办过程中，风险的发生往往是由多种因素造成的，但单一的风险因素也可能产生多种叠加结果。如 2021（第四届）黄河石林越野赛就是各种风险因素叠加造成的重大安全事故。在资源和条件的约束下，群众性体育赛事组织者必须根据实际情况选择最佳的识别方法，从目标中寻找损害因子，有利于节省成本，保障风险因素识别的效率。

7.3 系统性原则

群众性体育赛事风险管理的系统性原则是把群众性体育赛事风险管理看成一个整体、一个复杂的系统。在群众性体育赛事组织运作的过程中，每一个系统都不是单独存在的，每一个风险因素都有可能给赛事组织管理带来风险。风险因素受所处环境影响，并不是孤立产生的。风险管理者在制订风险计划时，要充分考虑所涉系统和相关系统的关系，这样才能使群众性体育赛事风险管理综合化和系统化。

7.4　制度化原则

群众性体育赛事风险管理的制度化原则是指群众性体育赛事风险管理在赛前筹备、赛中比赛和赛后收尾的每一阶段，组织者都要把风险管理制度化和常态化，时时进行风险分析和预警，保证中小城市群众性体育赛事安全、有序、正常地进行。

8. 群众性体育赛事风险管理的流程

一般来讲，中小城市群众性体育赛事风险管理的流程是：首先，制定风险计划方案；其次，在风险计划方案的基础上识别风险源；再次，对风险源进行评估；最后，针对风险评估结果，采取风险应对措施，即实施解决方案（见图3-4）。

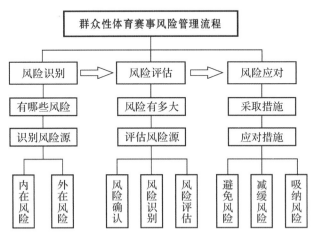

图3-4　群众性体育赛事风险管理流程

8.1　群众性体育赛事风险管理计划和方案的制定依据

在群众性体育赛事前期申办、运作的过程中，几乎都离不开规划和方案的制定。群众性体育赛事风险管理的制定必须要有一定的科学依据。

群众性体育赛事风险管理的制定依据主要包括：群众性体育赛事运作环境的风险因素、群众性体育赛事组织过程的风险因素、赛事范围说明书和群众性体育赛事管理计划等。群众性体育赛事前期申办、运作规划和方案制定的水平，在很大程度上决定了赛事后期运作的成功与否，也体现了赛事组织运作管理水平的高低。

8.1.1　群众性体育赛事风险管理计划和方案制定的方法

（1）申办前组织相关专家进行讨论分析。

（2）申办成功后召开群众性体育赛事组委会风险管理计划会议，讨论制定赛事风险管理的计划和方案。参加会议的成员应包括赛事主要负责人、举办城市或地区政府机构相关人员、赛事组织运作管理团队成员、赛事组委会负责风险管理规划和实施的人员、赛事利益相关者（如赞助商、广告商、媒体）等。

8.1.2　群众性体育赛事风险管理具体计划制定思路

（1）确定群众性体育赛事的目标方向。确立赛事风险管理的意识和观念，减轻赛事参与各方因风险造成的损失，减少意外损失；维持赛事筹备、组织、运作过程和比赛阶段的连续性，减少社会责任损失和意外事故给举办城市或地区带来的声誉损失。

（2）组建群众性体育赛事风险管理团队。确定赛事风险管理的决策机构、职能机构和职责分工，把责任和分工分配到具体的部门；聘请有经验的赛事风险管理专家进行专业咨询；明确风险管理人责任制度，确定工作指导与被指导的关系；确定危机管理等应急措施的基本程序和环节。

（3）确定群众性体育赛事风险管理工作的原则和政策。赛事风险管理工作的原则要以人员生命财产安全为管理工作的第一要点，加强赛事风险和不安全因素的预防工作。做到集中与分散决策相结合、整体与局部协调配合，达到早准备、早发现、早处理的高效风险管理效果。

参考文献

[1] 国务院.关于加快发展体育产业促进体育消费的若干意见 [EB/OL].(2014−10−20)[2021−05−10].http://www.gov.cn/zhengce/zhengceku/2014−10/20/content_9152.htm.

[2] 国家体育总局.关于推进体育赛事审批制度改革的若干意见 [EB/OL].(2014−12−30)[2021−05−10].https://www.sport.gov.cn/n315/n331/n403/n1956/c782895/content.html.

[3] 甘肃省委省政府联合调查组.白银景泰"5.22"黄河石林百公里越野赛公共安全责任事件调查报告 [EB/OL].(2021−06−25)[2021−11−12].http://www.gansu.gov.cn/gsszf/c100002/c100010/202107/1643566.shtml.

[4] 周旺成.大型赛事风险及管理德研究 [D].北京：北京体育大学博士学位论文，2008.

群众性体育赛事风险识别

1. 群众性体育赛事风险识别的理论综述

学者们普遍认为，风险识别作为风险管理的首要环节，是进行风险管理工作的基础，是组织者识别风险来源、确定风险发生条件、描述风险特征并评价风险影响的过程。对于体育赛事风险识别的研究，国内学者主要有以下观点。

孔德军、刘冬松[1]认为，风险识别是风险管理的第一步，如果无法识别风险，风险管理、风险转移、风险控制就不能科学实施。凌平、童杰[2]认为，北京奥运会面临各种潜在风险，如何预测、预防、规避风险，风险识别特别重要。风险识别实际上是一种预测，是对项目未来实施情况的设想。由于风险具有不确定性，因而风险识别可能是一次性行为。同时，他们提出，风险识别应该有规律地贯穿项目始终，保证北京奥运会筹备工作的顺利进行。范明志、陈锡尧[3]通过对风险识别的概念、特征和风险类别进行界定和划分，对大型体育赛事风险识别过程和内容进行阐述，提出了我国在体育赛事风险识别方面存在的问题。李晓亮[4]、杨铁黎[5]、刘华荣[6]等认为，风险识别是风险管理的初级阶段，是风险管理者对风险源进行分析、发现的过程。风险识别包括感知风险和分析风险两个方面，风险识别的方法各种各样，每种风险识别方法适用的范围都不同，都是学者根据自己的研究需要而采用的方法，有一定的针对性。罗雪[7]、徐俊[8]指出，风险识别是体育赛事风险管理过程中的第一步，是对风险进行辨别和分析的过程。只有做好风险识别，才能有效控制风险。

郭继敏[9]、李彦姣[10]对风险识别的方法进行了研究，大致归纳为分析法和专家调查法两类。也有学者对不同的评估方法进行了总结，并指出不同的方法适用于不同的项目条件。如情景分析法受调查对象对项目具体情况了解程度的影响，更适用于周期长且涉及诸多外部因素的事项；德尔菲法完全按照专家的主观意见得出结果，因此要重视每一次意见反馈；头脑风暴法容易忽略最简单、最显而易见的方案；环境扫描法可以全面识别风险因素，但所需成本较高，且无法对风险进行排序。

李彦姣在进行"对赌协议"风险识别的过程中选取了分段识别法进行研究。该方法是根据投资活动的时间进程，将活动分为前、中、后3个阶段，分段分析其风险成因。陈学东、李志平[11]认为，安全检查表法、结构分解法和事故树分析法可以用于高校大型体育赛事的风险识别。其中，安全检查表法可以找出所有风险源，再以提问的方式聘请相关领域的专家进行评估审核。该方法适用于具有相关或类似赛事承办经验的单位。结构分解法需要先将整个大型体育赛事系统按照一定的标准划分为若干个独立小单元，再从中分析风险，以此将复杂的事情简单化，简单的事情明了化，应用较为普遍。黄廷辉[12]提到一种与事故树法相似的识别方法——流程图法，该方法可以查明风险出现的时机，但无法得出风险的可能性与严重性。孙庆祝等[13]采用综合集成法对大型体育赛事进行风险识别的研究。他们利用计算机虚拟项目流程获取数据材料，并组织相关专家分析评价数据组织的科学有效性。毛旭艳、霍德利[14]在对北京冬奥会社会风险进行识别时运用了系统文献回顾法，简单来说就是通过科技手段筛选相关文献，进行专业资源的整合分析。该方法不受学者观点的影响，结构较为严谨，可以在不同的领域提取所需要的数据。

综上所述，我们可以得出以下3点内容。（1）目前已有学者证实了安全检查表法、流程图法、事故树分析法、综合集成法、系统文献回顾法、扎根理论研究法等多种用于体育领域风险识别的方法。（2）进行风险识别，首先要把赛事本身作为一个复杂的系统来考虑。复杂系统表现在影响它的风险因素有很多，有直接的影响，也有间接的影响；有显性的影响，也有隐性的影响；有已知和可以预测的影响，也有未知和不可预料的影响。每一个风险因素所引发的后果的严重程度也不一样。（3）风险识别的主要步骤是：收集资料、分析不确定性、确定风险事件、编制风险识别报告等。

2.群众性体育赛事风险识别的概念

群众性体育赛事风险识别是指以收集、调查、分析原始资料为基础，系统分析大量来源可靠的大型综合性体育赛事和群众性体育赛事中发生的事故信息、资料，对群众性体育赛事筹备组织阶段和比赛期间潜在的和客观存在的各种风险因素进行定期的系统识别和分类，判断发生风险的概率和结果，并把握其发展趋势。

在中小城市举办群众性体育赛事，风险识别是一个连续不断的过程，需要对赛事不同的运作阶段定期开展风险识别工作。要想保障群众性体育赛事安全、有序地进行，风险识别必须制度化，并且定期检查和完善。

中小城市群众性体育赛事风险识别包括内部风险因素识别和外部风险因素识别。内部风险因素识别是指能够加以控制和影响的风险因素，如计划变更、成本估计等导致的风险。外部风险因素识别是指超出赛事组织者主体控制力和影响力之外的风险因素，如自然灾害、政府行为等导致的风险。

3.群众性体育赛事风险识别的原则

中小城市群众性体育赛事风险识别要遵循以下 5 个原则。

3.1 全面性原则

全面性原则是指在制订风险计划时，要全面、系统地鉴别影响赛事正常举办的潜在风险因素，不能因为赛事组织者的主观因素而遗漏部分风险因素。群众性体育赛事在举办前要有详细的赛事计划安排，可以从赛前筹备阶段、赛中比赛阶段和赛后收尾阶段对所处环境、比赛项目等方面进行全面分析，综合判断风险因素，以便能够及时为赛事组织者的决策提供详细完备的决策信息。

3.2　系统性原则

系统性原则是指中小城市群众性体育赛事风险识别要有全局观，要把赛事看成一个大的系统，各系统之间是由小的系统共同组成。从赛事活动的全局出发，整体上把握、分析影响赛事系统的损害因素。在分析赛事组织者制定的风险计划时，要考虑赛事组织者的决策所涉及的整体系统和相关系统的联系，使群众性体育赛事风险识别系统化。

3.3　重要性原则

重要性原则是指中小城市群众性体育赛事风险识别要有所侧重。在中小城市举办的群众性体育赛事，受一定条件和资源的约束，赛事组织者必须根据赛事运作的实际情况来选择最佳、最经济的识别方法，在全面了解、分析风险因素的基础上进行风险因素的排序，选出比较重要的风险因素进行重点识别，有利于节省成本，保障识别的效率。

3.4　目标性原则

目标性原则是指根据赛事目标和任务确定风险识别的目标和任务。当前，群众性体育赛事规模大、涉及面广，风险因素增多，风险层次也变得复杂。群众性体育赛事风险的发生往往由多种因素造成，且单一的风险因素也可能产生多种叠加结果。如2021（第四届）黄河石林越野赛重大安全事故，就是多因素风险叠加造成的。因此，群众性体育赛事风险识别应根据多米诺骨牌理论和哈顿能量释放理论，围绕群众性体育赛事的目标层层展开，从目标中寻找损害因素，从损害因素中寻找风险因素，从而进行较为全面的识别。

3.5　制度化原则

制度化原则是指中小城市群众性体育赛事风险识别可以将赛前筹备阶

段、赛中比赛阶段和赛后收尾阶段制度化，保证分析的准确程度并及时发现风险源。

4. 群众性体育赛事风险识别的方法

群众性体育赛事风险识别的方法有很多，既有结构化的方法，也有非结构化的方法；既有经验性的方法，也有系统性的方法。总体而言，中小城市群众性体育赛事风险识别的方法主要有：德尔菲法、头脑风暴法、结构分解法、检查表法、情景分析法、流程图法等。在风险识别的过程中，通常将几种方法结合起来相互补充。

4.1 德尔菲法

德尔菲法，也称专家调查法。1946年，德尔菲法由美国兰德公司创始实行，其本质是一种反馈匿名函询法。德尔菲法的工作流程是对所要预测的问题征得相关专家的意见后，进行整理、统计、归纳，再反馈给相关专家；然后，再征求意见，再集中再反馈，直至得到一致的意见。通俗讲就是通过对风险管理相关专家和赛事管理人员进行反复咨询，并将专家们的反馈意见进行分析和整理，从而确定影响赛事举办的风险因素，最后编制成风险因素评价表，请相关专家和赛事管理人员对风险出现的可能性和严重性进行定性估计。

德尔菲法的工作流程大致可以分为4个步骤，在每一个步骤中，赛事组织者与专家都有各自不同的任务。

第一步：开放式的首轮调研。由赛事组织者发给专家第一轮调查表，不带任何框架，只提出预测问题，请专家围绕预测所涉及的相关问题提出预测事件。赛事组织者汇总整理专家调查表后，进行归类，排除次要风险事件，用准确术语制作预测事件一览表，并作为第二轮调查表发给专家。

第二步：专家主要对第二轮调查表所列的每个风险事件作出相应的风险评价。赛事组织者统计处理第二轮专家意见，整理第三轮调查表。

第三步：发放第三轮调查表。请相关赛事风险管理专家重审，并对意见作一个客观评价，给出自己新的评价结果。赛事组织者回收专家的新评价和新争论，总结相关专家的观点并形成第四轮调查表。

第四步：发放第四轮调查表。相关风险专家再次进行评价和权衡，作出新的预测。回收第四轮调查表，赛事组织者归纳并总结相关意见和争论点。

4.2　头脑风暴法

头脑风暴法，也称赛事风险会议。20 世纪 70 年代末，头脑风暴法引入我国，现已广泛应用于各个领域。该方法操作简单，一般由 6~8 人组成专家小组，给每个人充分发表意见的机会，激发与会者的创造性，使其提出尽可能多的设想。

第一步：人员选择。聘请赛事风险管理专家、赛事组织者和裁判等。

第二步：明确赛事会议主题。

第三步：风险管理专家轮流发言并记录，无条件接纳任何意见，不加评论。

第四步：发言过程可以循环进行，如果风险管理专家的意见无法达成一致，需要反复函询以收集和整理专家意见，最终使风险管理专家的意见基本统一。

第五步：轮流发言结束后，风险管理专家共同评价每一条意见。赛事组织者总结如何防范重要风险。

4.3　结构分解法

结构分解法就是把群众性体育赛事看成一个"大系统"，然后分解成"小系统"，将复杂的事务简单化和具体化，从而识别赛事中存在的各种风险。群众性体育赛事可以从风险损失的结果开始进行分解分析，将整个赛事分为赛事申办阶段、赛事筹备阶段、赛事举办阶段和赛后收尾阶段 4 个阶段，并根据每个阶段的过程和需要完成的任务，分析赛事可能存在的风险源，清晰识别整个赛事的风险因素。

4.4 情景分析法

情景分析法是一种能够识别引起各种风险的关键因素及其影响程度的方法。通过对未来赛事运作的某个状态或某种情况的详细描绘，分析所描绘的情景中的风险与风险因素，从而识别赛事风险。

4.5 风险检查表法

风险检查表法在对群众性体育赛事系统分析的基础上，找出其所有可能存在的风险源，是群众性体育赛事风险识别最常用的方法。该方法统计并罗列以往赛事中发生的风险事件和存在的风险源，以表格的方式进行记录，使赛事组织者和参赛运动员对比赛中可能出现的风险因素有一个清晰的认识。相对来说，群众性体育赛事风险识别检查表更加适合在中小城市举办的各类群众性体育赛事和一些小规模的群众性体育赛事。

本书在收集大量资料和实地调研的基础上，以调查问卷的方式向风险管理专家咨询，统计并归纳专家意见，最终形成群众性体育赛事风险识别检查表。

5. 群众性体育赛事风险识别的特征

5.1 群众性体育赛事风险识别是一项复杂的工作

群众性体育赛事风险识别具有隐蔽性、复杂性、多变性的特征。群众性体育赛事风险识别工作对赛事组织者的风险管理能力提出了很高的要求，包括赛事组织者的风险意识、风险管理知识和对赛事风险因素的洞察力。不仅如此，群众性体育赛事风险识别是否全面，将直接影响赛事风险管理决策的科学性和合理性，进而影响赛事风险管理的最终效果。因此，中小城市群众性体育赛事风险识别的过程是一项复杂的工作。

5.2 群众性体育赛事风险识别是一项系统性、制度性的工作

近年来，随着群众性体育赛事的增多，新的风险因素不断出现。群众性体育赛事风险识别的过程不能仅仅局限于某个环节或某个具体风险，而

是要把群众性体育赛事作为一个大的系统来考虑赛事风险管理，分析研究赛事组织运作过程中不同阶段之间、不同风险因素之间和不同环境之间的相互关系和变化规律，识别赛事风险因素，形成规章制度。赛事组织者在赛事运作过程中以制度性的形式对潜在风险因素进行监测和识别，只有形成规章制度，才能从源头上切断风险源，使群众性体育赛事安全、顺利、有序地进行。

6.群众性体育赛事风险识别

6.1　构建群众性体育赛事风险识别流程图

群众性体育赛事风险识别是风险管理的首要环节和基础。要想科学、有效地完成群众性体育赛事风险管理工作，就需要尽可能全面地识别群众性体育赛事中存在的风险因素，即寻找风险源，加以判断、归类并鉴定其性质。

中小城市群众性体育赛事风险识别的理论基础是系统安全理论，系统安全理论实际上是系统工程理论在安全管理领域的运用。随着跨学科研究和运用的推进，系统安全理论逐渐被运用于管理学、经济学、体育学等领域。[15]系统安全理论把事故发生的主要因素归纳为：人（men）、设施（machine）、环境（medium）、管理（management）4个方面，简称"4M"要素，其是风险管理研究的基础。系统安全理论形成了事故防范的基本目标和对象，成为国内研究安全事故和安全评价的基本理论。[16]

群众性体育赛事风险识别贯穿于整个赛事实施过程，包括识别风险来源、确定风险发生的条件、描述群众性体育赛事的风险特征并评价风险因素。群众性体育赛事风险识别的目标是识别赛事面临哪些可能发生的风险，这些风险有哪些基本特征，可能会影响群众性体育赛事的哪些方面。按照系统安全理论、管理学要素、赛事运作管理的不同阶段、群众性体育赛事的特点、群众性体育赛事参赛运动员等表现形式，本书构建了群众性体育赛事风险识别流程图（见图3-5），主要目的是构建群众性体育赛事风险识别的逻辑框架和具体思路。

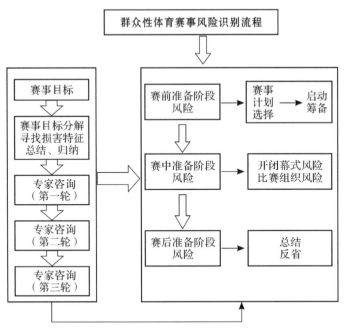

图 3-5　群众性体育赛事风险识别流程

6.2　群众性体育赛事风险源指标选取及说明

群众性体育赛事风险源指标选取是根据赛事指标构建原则，通过查阅相关体育赛事安全事故的文献资料整理而成，群众性体育赛事风险源指标结合管理学中的系统安全理论、管理要素、体育赛事运作管理学对体育赛事阶段的划分，群众性体育赛事、参赛运动员、不同运动项目的特点，共识别出 5 个风险源（一级指标）：（1）参赛运动员风险源；（2）环境风险源；（3）组织管理风险源；（4）场地、器材设施风险源；（5）突发公共卫生事件和赛事医疗救助风险源，而后进一步细分为 14 个风险因素（二级指标）和 89 个具体风险内容（三级指标），以便更为全面地识别群众性体育赛事的风险因素。

6.2.1　参赛运动员风险源指标说明

群众性体育赛事参赛运动员风险源主要是指在参加群众性体育赛事的过程中，参赛运动员有可能在比赛过程中对自身造成危险或损伤。参赛运动员风险源可以进一步细分为以下几个风险因素：参赛运动员的生理因素、参赛运动员的心理因素、参赛运动员的运动水平和参赛运动员的运动知识。值得注意的是，群众性体育赛事的大部分参赛运动员都是体育运动爱好者，自我防护和应对突发事件的能力普遍要比职业运动员弱很多。

（1）参赛运动员的生理因素主要是指参赛运动员自身生理方面的影响因素。根据群众性体育赛事参赛运动员的半职业特点及其参赛目的，我们主要选取"基础性疾病""身体素质""运动伤病""身体机能调节能力""年龄"等指标来反映参赛运动员是否适合参赛。

（2）参赛运动员的心理因素主要是指参赛运动员的参赛情绪变化和心态变化。基于参赛目的和参赛运动员以业余运动员居多的特点，我们选取"参赛心态变化""适应比赛的能力""是否盲目参赛""比赛不同阶段的自我调节能力"等作为心理因素的下级指标。

（3）参赛运动员的运动水平主要是指非专业运动员在比赛过程中运动能力的表现。考虑到参赛运动员的非专业性和参赛目的，我们选取"技、战术应用是否合理""比赛经验""比赛规则掌握""运动强度适应性""运动量适应能力"等指标来反映参赛运动员能否适应比赛。在群众性体育赛事的比赛过程中，运动强度太大是导致安全事故发生的主要因素。

（4）参赛运动员的知识能力主要是指参赛运动员对基础运动常识的掌握和运动风险常识的认识程度。群众性体育赛事的参赛运动员更多的是体育运动爱好者，他们的参赛目的与职业体育运动员存在很大区别，他们对项目特点的认识和对比赛中发生的突发事件的应急防护能力都要比职业运动员弱很多。因此，我们选择"运动常识的掌握""参赛风险意识""对比赛项目的了解度""自我防护意识""相关比赛经验""比赛风险预见能力"等指标来反映参赛运动员在比赛过程中是否有能力针对遇到的突发情况进行自我处理和自我救助。

6.2.2　群众性体育赛事环境风险源指标说明

群众性体育赛事环境风险源主要是指在举办群众性体育赛事的过程中，社会环境因素造成的风险因素和自然环境因素造成的风险因素。

（1）群众性体育赛事自然环境风险因素是相对于社会环境风险因素而言的。基于2021（第四届）黄河石林越野赛重大安全事故，本书设置了"高原地区""恶劣环境""极端天气""自然灾害""特殊地形地貌""地质灾害"等指标。

（2）群众性体育赛事社会环境风险因素主要是指广义的社会环境风险因素，如政治、经济、文化等方面。本书主要设置了"政治风险""政治抵制""恐怖活动""举办地政策风险""社会治安事件""政府支持风险""当地民众支持风险""宗教、种族问题""文化差异""新闻媒体舆情报道""经济风险"等指标，主要反映由社会环境等诱因引起的各类社会环境风险因素。

6.2.3　群众性体育赛事组织管理风险源指标说明

群众性体育赛事组织管理风险源主要是指在组织群众性体育赛事的过程中，管理遗漏或疏忽造成的安全事故。中小城市群众性体育赛事最容易发生的风险就是赛事组织管理风险，主要体现在赛事组织者的风险意识，赛事组织者是否出台相应的规章制度，赛事组织者在群众性体育赛事运作管理过程中是否有责任心以及细节把握是否到位等方面。群众性体育赛事组织管理风险具体指标的选取基于制度层面和管理层面的两个风险因素进行设计。

（1）群众性体育赛事制度层面的风险因素是指在举办群众性体育赛事的过程中，因相关风险管理制度不健全和不规范造成的风险。这在中小城市举办的群众性体育赛事中经常发生。因此，我们在群众性体育赛事制度层面设置了"赛事风险管理制度是否完善""赛事监管手段是否到位""赛事监管机制是否健全""赛事保障机制健全""赛事保障手段是否到位"等指标。

（2）群众性体育赛事管理层面的风险因素是指在群众性体育赛事举办的过程中，赛事组织者遇到风险时的决策能力、应变能力和应急预案准备能力。在中小城市举办的群众性体育赛事中，赛事组织者由于风险管理意识淡薄和赛事资金等问题，导致其没有认真执行赛事风险预案、相关风险管理流程和风险规划，因而存在很大的管理漏洞。因此，我们在群众性体育赛事管理层面设置了"风险防范意识""突遇风险的决策能力""风险规划能力""风险预警的完善性""工作人员相关培训""交通、食宿等保障措施"等指标。

6.2.4　场馆、器材设施风险源指标说明

群众性体育赛事场馆、器材设施是赛事得以正常运转的硬件设施保障。在中小城市举办的群众性体育赛事中，场馆、器材设施不一定完全达到国际体育赛事的标准，赛事组织者要对比赛场馆、器材设施有全面客观的了解。因此，我们在群众性体育赛事场馆、器材设施方面设置了"比赛场馆""附属场馆""临时设施""器材设施"等指标。

（1）群众性体育赛事比赛场馆是举办赛事的基础条件。我们在比赛场馆风险因素方面主要设置了"室内场馆安全性""室外场地安全性""赛道设计与规划合理性""场馆周边安全保障"等指标。

（2）群众性体育赛事附属设施是比赛场馆的补充，考虑到中小城市举办马拉松、越野跑等相关门槛较低的项目比较多的特点，我们设置了"赛事补给点合理性""配套设备完善性""比赛标志物醒目性""赛事附属设施安全性"等指标。

（3）群众性体育赛事临时设施是指在举办群众性体育赛事的过程中，为赛事搭建的临时设施。基于中小城市群众性体育赛事临时设施的安全性，我们设置了"临时设施安全性""临时设备安全性""应急设施配备到位性"等指标。

（4）群众性体育赛事器材设施是指在赛事举办的过程中，不同项目所采用的相关器材。我们设置了"器材装备安全性""器材质量合规性""器材安装和使用方法的正确性"等指标。

6.2.5　突发公共卫生事件和赛事医疗救助风险源指标说明

群众性体育赛事突发公共卫生事件和赛事医疗救助风险源具有不确定性和难以控制的特点，尤其是新冠疫情对群众性体育赛事的影响。随着群众性体育赛事数量的不断增加和规模的不断扩大，在中小城市举办群众性体育赛事，赛事组织者要极大重视突发公共卫生事件，这也是群众性体育赛事风险管理研究的一个重要方向。

（1）群众性体育赛事突发公共卫生事件主要针对新冠疫情对群众性体

育赛事所造成的重大影响而设定。我们设置了"突发公共卫生事件风险防范意识""风险应变能力""风险决策能力""风险应急预案"等指标。

（2）群众性体育赛事的赛事医疗救助是指针对赛事过程中突发事故给参赛运动员、相关工作人员或观众带来的损害而提供的医疗救治。我们根据以往的举办经验设置了"医疗救助水平""救助设备完善程序""赛事救助点分布合理性""赛事医疗通道畅通性""赛事医疗救助启动速度"等指标。

6.3　群众性体育赛事风险因素

6.3.1　参赛运动员风险因素

群众性体育赛事参赛运动员以业余运动员和体育爱好者居多，在运动年龄结构、运动能力结构和相关比赛的运动常识等方面都与职业运动员存在较大差异。我们结合管理学系统安全理论的思维模式，把群众性体育赛事参赛运动员风险因素分为：（1）参赛运动员生理风险因素；（2）参赛运动员心理风险因素；（3）参赛运动员运动水平风险因素；（4）参赛运动员运动常识风险因素等4个潜在主要风险因素，并以此为重点进行分析。未来，在中小城市群众性体育赛事风险管理的过程中应更多地关注参赛运动员的风险因素（见图3-6）。

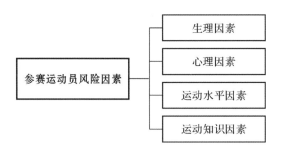

图3-6　群众性体育赛事参赛运动员风险因素

6.3.2　环境风险因素

群众性体育赛事环境风险因素依据赛事过程中风险产生的原因进行划

分，具体分为：（1）自然环境产生的风险因素；（2）社会环境产生的风险因素等两个潜在主要风险因素，并以此为重点进行分析（见图3-7）。

图3-7　群众性体育赛事环境风险因素

6.3.3　组织管理风险因素

群众性体育赛事组织管理风险因素是中小城市群众性体育赛事面临的主要风险之一。在中小城市举办的群众性体育赛事中，赛事事故的原因大部分是赛事组织者管理不完善，没有执行赛事风险管理的相关规章制度，赛事组织者风险意识淡薄等。

群众性体育赛事组织管理风险因素分为：（1）制度层面的风险因素；（2）管理层面的风险因素。制度层面的风险因素包括：赛事组织运作管理方面的规章制度和相关组织事务；管理层面的风险因素包括：赛事组织者对赛事风险的管控能力、应变能力、合理应对能力等（见图3-8）。

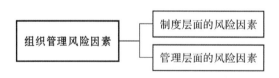

图3-8　群众性体育赛事组织管理风险因素

6.3.4　场馆、器材设施风险因素

群众性体育赛事场馆、器材设施是赛事得以正常运转的硬件设施。这些场馆、器材设施在保障赛事正常进行的同时也会给赛事带来潜在风险。尤其是在中小城市举办的群众性体育赛事中，因其场馆和器材设施不太规范，需要承办赛事的组织者更加细心并全面掌握场馆、器材设施的不安全因素，及时发现风险、解决风险。

结合群众性体育赛事和参赛运动员的特点，我们将场馆设施风险因素划分为：（1）比赛场馆风险因素；（2）附属设施风险因素；（3）临时设施风险因素；（4）器材设施风险因素（见图3-9）。需要说明的是，场馆、器材设施风险因素独立于环境风险因素。

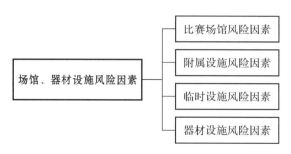

图 3-9　群众性体育赛事场馆、器材设施风险因素

6.3.5　突发公共卫生事件和赛事医疗资源救助风险因素

依据新冠疫情对群众性体育赛事的影响和赛事项目的特征，我们将群众性体育赛事突发公共卫生事件和赛事医疗救助风险因素划分为：（1）突发公共卫生事件风险因素；（2）赛事医疗资源救助风险因素（见图3-10）。中小城市群众性体育赛事需要关注的主要是赛事医疗救助风险因素，因为群众性体育赛事的参赛运动员多为体育运动爱好者，受伤的概率比较大。

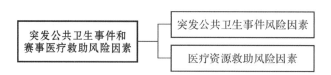

图 3-10　群众性体育赛事突发公共卫生事件和赛事医疗救助风险因素

7. 编制群众性体育赛事风险识别检查表

7.1　群众性体育赛事风险识别检查表编制方法与流程

（1）收集群众性体育赛事相关风险资料。在编制群众性体育赛事风险

识别检查表的过程中，首先下载、阅读国内外体育赛事安全事故的相关文章，在对国内外体育赛事重大安全事故进行全面分析的基础上，针对我国中小城市群众性体育赛事安全事故的案例资料进行分析，汇总赛事安全事故风险源，形成群众性体育赛事风险资料库。

（2）按照体育赛事专业分类标准对收集到的结果进行分类。对群众性体育赛事风险资料库的处理结果进行归纳、分类、总结，完成群众性体育赛事风险识别检查表初稿的编制。

（3）邀请相关赛事专家、学者、裁判长、职业运动员和体育运动爱好者对群众性体育赛事风险识别检查表进行评估和分析，并提出有针对性的建议。在吸取相关专家建议的基础上，我们进行了一些筛除和增加，对有些风险因素进行了合并，最终形成群众性体育赛事风险识别检查表。

7.2 群众性体育赛事风险识别检查表

在编制群众性体育赛事风险识别检查表（见表 3-2）的过程中，根据中小城市群众性体育赛事的特点，我们进行了有针对性的编制工作。

第一，中小城市群众性体育赛事的参赛运动员中体育运动爱好者占大多数，这对于参赛运动员风险因素有一定的针对性。

第二，群众性体育赛事风险识别检查表首先要清晰明了，其次力求简单。基于群众性体育赛事的发展速度，不断会有新的风险因素出现，因此我们根据风险管理学的理论基础系统安全理论即"4M"要素，编排设计了群众性体育赛事风险识别检查表，较为全面地涵盖了群众性体育赛事风险管理的重点风险防范内容。

第三，我们根据赛事组织者和参赛运动员对群众性体育赛事举办过程中赛事风险因素的认识作了归纳和总结，可以通过群众性体育赛事风险识别检查表清晰、明白地了解中小城市群众性体育赛事潜在的各种不同风险因素。

表 3-2 群众性体育赛事风险识别检查表

风险源	风险因素	具体风险内容	风险原因
参赛运动员风险源	生理因素	1.基础性疾病	直接原因 不安全行为
		2.身体素质	
		3.身体机能调节能力	
		4.运动伤病	
		5.年龄	
	心理因素	6.参赛心态变化	
		7.适应比赛的能力	
		8.自我调节能力	
		9.是否盲目参赛	
		10.比赛不同阶段的调节能力	
	运动水平	11.技、战术应用是否合理	
		12.比赛经验	
		13.比赛规则掌握	
		14.战术素养	
		15.运动强度适应性	
		16.运动量适应能力	
	运动知识	17.运动常识的掌握	
		18.参赛风险认识	
		19.参赛风险意识	
		20.对比赛项目的了解度	
		21.自我防护意识	
		22.相关比赛经验	
		23.比赛风险预见能力	
环境风险源	自然环境风险	24.自然灾害	间接原因 环境优劣
		25.极端天气	
		26.恶劣环境	
		27.高原地区	

续表

风险源	风险因素	具体风险内容	风险原因
环境风险源	自然环境风险	28.地质灾害	间接原因 环境优劣
		29.特殊地形地貌	
	社会环境风险	30.政治风险	
		31.政治抵制	
		32.恐怖活动	
		33.侵权扰民	
		34.涉外突发事件	
		35.举办地政策风险	
		36.社会治安事件	
		37.政府支持风险	
		38.当地民众支持风险	
		39.宗教、种族问题	
		40.文化差异	
		41.新闻媒体舆情报道	
		42.经济风险	
		43.财务预算风险	
		44.政府财政亏损风险	
		45.赞助商风险	
		46.比赛费用超支风险	
		47.赛后经济低速效应损失	
组织管理风险源	制度层面风险	48.赛事风险管理机构是否成立	间接因素 管理漏洞
		49.赛事风险管理制度规划是否完善	
		50.赛事监管机制是否健全	
		51.赛事监管手段是否到位	
		52.赛事保障机制是否健全	
		53.赛事保障手段是否到位	

续表

风险源	风险因素	具体风险内容	风险原因
组织管理风险源	管理层面风险	54.突遇风险的决策能力	间接因素管理漏洞
		55.风险防范意识	
		56.工作人员相关培训	
		57.风险规划能力	
		58.风险预警的完善性	
		59.人流密度控制	
		60.参赛者人身保障	
		61.相关人员人身保险	
		62.交通、食宿等保障措施	
场馆、器材设施风险源	比赛场馆	63.室内场馆安全性	直接因素不安全状态
		64.室外场地安全性	
		65.赛道设计与规划合理性	
		66.赛道路面障碍物	
		67.场馆周边安全保障	
	附属设施	68.赛事补给点合理性	
		69.配套设备完善性	
		70.比赛标志物醒目性	
		71.赛事附属设施安全性	
	临时设施	72.临时设施安全性	
		73.临时设备安全性	
		74.应急设备配备到位性	
	器材设施	75.器材装备安全性	
		76.器材质量合规性	
		77.器材安装和使用方法正确性	
突发公共卫生事件和赛事医疗救助风险源	突发公共卫生事件	78.突发卫生事件风险防范意识	间接因素管理漏洞
		79.风险应变能力	
		80.风险决策能力	

风险源	风险因素	具体风险内容	风险原因
突发公共卫生事件和赛事医疗救助风险源	突发公共卫生事件	81.食品安全、生活饮用水安全	间接因素 管理漏洞
		82.风险应急预案	
	赛事医疗救助	83.医疗救助水平	
		84.救助设备完善程度	
		85.赛事医疗救助点分布合理性	
		86.赛事医疗通道畅通性	
		87.赛事医疗救助启动速度	
		88.医疗救助人员沟通有效性	
		89.医疗安全总结	
总计	5个一级指标，14个二级指标，89个三级指标		

8. 我国群众性体育赛事风险识别需要注意的问题

通过对我国群众性体育赛事的历史梳理，结合其发展趋势，本书认为，随着中小城市举办群众性体育赛事的意愿和积极性的提高，参加赛事的群众的数量会日益增多，赛事规模不断扩大，且群众喜爱的新兴运动项目也会随赛事内容的增加而变得更加丰富。与此同时，随之而来的则是群众性体育赛事风险管理难度的加大。2021（第四届）黄河石林越野赛重大安全事故警示我们在未来举办群众性体育赛事的过程中，需要注意以下风险识别问题。

8.1　群众性体育赛事风险识别历史资料库的构建问题

近几年，随着群众性体育赛事的不断增加，中小城市体育赛事安全事故时有发生。2021（第四届）黄河石林越野赛重大安全事故警示我们，在群众性体育赛事举办的过程中风险无处不在。而建立群众性体育赛事风险识别历史资料库，就是提前预测未来在中小城市举办的群众性体育赛事中可能出现或遇到的问题，以便在申请、筹备的赛前阶段，赛中比赛阶段和赛后收尾阶段采取有效措施加以应对。

通过梳理我国群众性体育赛事安全事故的历史可知，有关群众性体育赛事安全事故的报道看似很多，但都比较零散，能查到的资料也是对于个案的分析，给群众性体育赛事风险识别增加了困难。如果我们能够构建一个群众性体育赛事风险识别历史资料库，后续群众性体育赛事风险识别的研究就有章可循，可以为赛事组织者更好地应对风险提供很大的帮助。

8.2 群众性体育赛事风险识别是一个长期动态的系统工程的问题

群众性体育赛事风险识别是一种对将来不确定事件的预测。随着中小城市群众性体育赛事和参加人员的逐年增多，其涉及的风险因素也随之增多，且因举办地的不同而不同，与当地经济、文化、地域环境的变化有关。如果只根据原有风险识别的经验来应对新的赛事，就会出现新的问题。最典型的案例就是已经成功举办过三届的黄河石林越野赛在第四届的举办过程中发生重大安全事故，这就警示我们，虽然以往举办的群众性体育赛事都是成功的，但绝不能因成功而麻痹大意。对每一次举办的群众性体育赛事风险的识别都应该和第一次举办的一样认真对待，任何环节都不能省略。因此，中小城市群众性体育赛事风险识别应该是一个长期动态的系统工程。

参考文献

[1] 孔德军，刘冬松. 建设项目中的风险识别方法 [J]. 基建优化，2002（4）：17-25.

[2] 凌平，童杰. 论2008年北京奥运会的风险管理 [J]. 浙江体育科学，2004，26（6）：4-6+19.

[3] 范明志，陈锡尧. 对我国重大体育赛事风险识别的初探 [J]. 体育科研，2005（2）：26-29.

[4] 李晓亮. 黑龙江省青少年学生学校体育冰雪运动风险评估及运动安全策略研究 [D]. 哈尔滨：哈尔滨体育学院，2012.

[5] 杨铁黎. 商业性体育赛事风险管理 [M]. 北京：北京体育大学出版社，2010：251.

[6] 刘华荣. 我国高校户外运动风险管理研究 [D]. 北京：北京体育大学，2017.

[7] 罗雪. 体育赛事风险及其识别与应对 [J]. 当代体育科技，2014，4（19）：181，183.

[8] 徐俊. 马拉松赛事风险管理研究 [D]. 厦门：集美大学，2017.

[9] 郭继敏. 创新型企业持续创新过程战略风险识别研究 [D]. 昆明：云南财经大学，2019.

[10] 李彦姣. 华谊兄弟对赌协议的风险识别与应对研究 [D]. 北京：中国财政科学研究院，2019.

[11] 陈学东，李志平. 高校承办大型体育赛事风险管理识别方法研究 [J]. 湖北体育科技，2015，34（6）：552.

[12] 黄廷辉. 服装企业供应链风险识别、评价及防控策略研究 [D]. 淮南：安徽理工大学，2019.

[13] 孙庆祝，刘红建，周生旺. 综合集成方法在大型体育赛事风险管理中的应用 [J]. 体育与科学，2010，31（1）：93-96.

[14] 毛旭艳，霍德利. 北京冬奥会社会风险识别研究 [J]. 体育与科学，2019，40（4）：106-113.

[15] 阳富强，吴超，覃妤月．安全系统工程学的方法论研究 [J].中国安全科学学报，2009，19（8）：10-20.

[16] 毛海峰．现代安全管理理论与实务 [M].北京：首都经济贸易大学出版社，2000：10-15.

群众性体育赛事风险评估

1. 群众性体育赛事风险评估的理论概述

风险评估是风险管理的基础，风险评估有助于认清群众性体育赛事风险的本质。我国群众性体育赛事有其特有的特点，在不断发展群众性体育赛事的同时，对于群众性体育赛事风险的评估就显得尤为重要。

国外有关体育赛事风险评估的研究较早，我国在风险评估领域的研究主要是在借鉴国外研究的基础上结合我国的实际国情进行的。1990年，伯龙吉[1]就专门撰写了《大型体育赛事风险管理手册》一书，强调了风险评估对体育赛事潜在风险控制方面的意义。富勒与德拉维尔[2]构建了体育赛事风险评估的理论模型，对风险评估的完整流程进行了详细的分析。

20世纪90年代，随着我国举办各类体育赛事的数量明显增多，我国开始关注和研究体育赛事风险评估相关理论。如石岩[3]选择以列表排序法和帕累托分析法相结合的方式对运动员参赛风险的识别、评估进行研究。李国盛、张文鹏[4]系统分析了大型体育赛事风险的特征、类型和效应，通过对体育赛事风险评估主客体、目标和对策的研究，提出了风险评估的对策。史志明[5]从赛事风险发生的时间、损失的可能性、风险级别、风险起因和可控性5个维度构建了赛事风险评估体系。董杰、刘新立[6]以2004年雅典奥运会为案例进行了实证研究，通过评估把大型体育赛事风险划分为市场风险、自然灾害风险、运作策略风险和操作风险，并提出了解决方案。蒋钢强、高晓波[7]运用经济学、管理学的知识对大型体育赛事的决策、信息、财务等主要风险源进行了分析，从风险识别、风险分析、风险计划、风险跟踪、风险应对等方面对大型体育赛事的运作风险进行评估。孙麒麟等[8]认为，赛事风险评估有利于赛事参与者特别是工作人员对风险知识的掌握，是赛事公共安全应急管理的基础。

孙庆祝等[9]用期望值和标准差来描述某个特定风险的损失。苏念磊[10]将定性与定量相结合，把体育赛事风险评估看作一个有机系统，分别从体育赛事风险识别、风险分析以及风险策略选择3个方面，以层次分析法为主要工具研究体育赛事风险评估的问题。霍德利[11]、张翠梅等[12]、陈蔚等[13]均采用了层次分析法对体育赛事风险进行评估。层次分析法方便计算，可以应用于复杂的社会科学问题。

朱华桂、吴超[14]，刘路、史曙生[15]，彭召方、刘鸿优[16]等选择列表排序法进行风险评估。学者们认为，列表排序法从风险发生的概率、风险发生后所造成的后果的严重程度、风险的可控性3个角度对风险进行评估，不仅简单便捷，也方便评分者进行评分。李晓亮等[17]运用层次分析法从风险的可能性、可控性和严重性3个角度进行评价；运用列表排序法将得到的各个风险因素的3个评价角度的权重值相乘，得出各个风险的风险量；运用帕累托分析法验证评估结果。倪晓茹[18]将风险评估的研究方法大致分为定量分析、半定量分析、定性分析3种类型。苏荣海等[19]认为，当前体育赛事风险的评价方法主要有3种：（1）以文献资料、专家访谈、逻辑演绎、损失清单等方法为主的致因性评价；（2）用AHP、列表排序法、德尔菲法等进行赋值的可能性评价；（3）用事故发生过程的模拟计算，评估事故发生后损失的严重性。程江洲等[20]运用贝叶斯网络风险评估方法，通过4个步骤对水力发电系统的动态风险进行了评估。

综上所述，风险评估作为风险管理系统中的重要一环，是保证准确评估风险因素的关键。风险评估可以采用定性、定量或两者相结合的方法进行。有研究显示，层次分析法、列表排序法、帕累托分析法是体育领域较为常用的风险评估方法。目前，我国学者针对中小城市群众性体育赛事风险评估的研究比较少，还没有学者针对群众性体育赛事风险评估做具体系统的研究。

2. 群众性体育赛事风险评估的概念

群众性体育赛事风险评估是指在群众性体育赛事风险管理的过程中，通过对收集到的大量详细的安全事故资料加以分析和判断，运用概率论和数理统计等方法，对群众性体育赛事潜在风险源进行评估和预测，对不同的风险因素进行分级管理的过程。风险评估是把赛事举办过程中发生概率大、影响重大的风险因素作为主要管理对象，为群众性体育赛事风险应对和赛事组织者进行风险决策提供理论依据。

群众性体育赛事风险评估是联系赛事风险识别和风险应对的纽带，是赛事组织者进行突发事件决策的基础。通过群众性体育赛事风险评估，有利于赛事组织者客观、准确地认识赛事风险；有利于赛事组织者制定完备的应急计划，有效地选择风险防范措施；有利于加强赛事组织者的风险意识，促进其决策水平的不断提高；有利于赛事组织者认识风险以及风险之间的相互作用；有利于群众性体育赛事在成本估计、进度计划安排与安全管理等方面更现实、更可靠。

3. 群众性体育赛事风险评估的基本原则

群众性体育赛事风险评估在风险管理的过程中处于中间环节，是赛事组织者在风险识别基础上的进一步的科学分析，是判断风险发生的可能性和风险后果严重性的依据，从而为风险应对方案的制定提供理论参考。群众性体育赛事风险评估应遵循准确性原则、整体性原则、可测性原则。

3.1　准确性原则

群众性体育赛事准确性原则是指中小城市群众性体育赛事风险评估的结果要尽量翔实、准确，保证赛事举办过程中赛事组织者风险管理的有效性。

我国群众性体育赛事风险评估的各项指标，应能反映中小城市群众性体育赛事风险管理的特点和基本规律。

3.2 整体性原则

群众性体育赛事整体性原则是指在中小城市群众性体育赛事风险评估的过程中，要把赛事过程看成一个整体系统，从赛事申办、筹备阶段到比赛阶段再到赛事结束阶段都要进行系统的风险评估。在有条件的情况下，要多角度、多层次地对群众性体育赛事进行全面评估，不能只评估某一方面或某一部分，要保证评估的整体性。

3.3 可测性原则

群众性体育赛事可测性原则是指在设计群众性体育赛事风险评估指标时，必须使每一个评估指标所规定的内容都可以实际测量或观察，以获得明确的结论。需要注意的是，群众性体育赛事风险评估指标可以分为两类：一类是可量化的定量指标；另一类是不宜直接量化的定性指标。从影响我国中小城市举办群众性体育赛事风险评估的因素和当前群众性体育赛事风险评估的实际出发，两者难以相互取代。因此，中小城市群众性体育赛事风险评估的目标是通过赛事风险评估体系中的各个指标对评估对象进行实测。

4. 群众性体育赛事风险评估的方法

4.1 列表排序法

列表排序法是项目风险管理中常用的风险量化技术，列表排序法对于学者和调查对象来说都比较容易接受和操作，用列表排序法可以直接将风险因素进行等级划分。

首先，列表排序法分别对风险的可能性、严重性和可控性进行分析。其次，在此基础上进行综合性分析：事先确定评估标准，由专家小组打分，用逐项评分的方法来量化风险的大小。最后，3个分值相乘，得出不同风险的风险量。分值越高，表示风险值越高；风险值越高，表示风险越大。

列表排序法虽然可以对风险因素的等级进行排序，但是无法确定和分析主要的风险因素。列表排序法只考虑了风险的可能性、严重性和可控性，并不能代表风险的其他特性，也不能很好地诠释某个事件的风险。因此，学者在今后的研究中应加以关注，并尽量想办法弥补此方法的不足。

4.2　层次分析法

层次分析法是一种定性分析和定量分析相结合的评估方法，在管理学和经济学中得到了广泛的应用。层次分析法能够有效处理决策方面的问题。

群众性体育赛事层次分析法的基本思想是把赛事过程分解为若干层次，在最低层次通过对比得出各因素的权重，通过由低到高的层层分析计算，最后算出各方案对总目标的权数，为决策者提供决策依据。

层次分析法的基本步骤如下：

（1）建立群众性体育赛事的层次结构（如赛前阶段、赛中阶段、赛后阶段）；

（2）构建（不同阶段）比较判断矩阵；

（3）计算（不同阶段）权向量并做一致性检验；

（4）计算综合权向量。

层次分析法虽然是一个较好的风险评估方法，且在群众性体育赛事风险研究中有所采用，但是此方法也有以下两个不足之处：

（1）只能从原方案中优选，不能产生新的方案；

（2）判断矩阵的计算过程非常耗时，评估指标较多时，判断矩阵的计算容易产生错误，从而影响评估结果的正确性。

4.3　帕累托分析法

帕累托分析法，又称 ABC（activity based classification）分类法，全称为 ABC 分类库存控制法，是项目管理中常用的一种方法。它是根据事物在技术或经济方面的主要特征进行分类排列，分清重点和一般，从而有区别地确定管理方式的一种分析方法。由于它把被分析的对象分成 A、B、C 3 类，所以又被称为 ABC 分析法。

在 ABC 分析法的分析图中，有两个纵坐标、一个横坐标、几个长方形、一条曲线。左边纵坐标表示频数，右边纵坐标表示频率，以百分数表示。横坐标表示影响质量的各项因素，按影响大小从左向右排列。曲线表示各种影响因素大小的累计百分数，一般是将曲线的累计频率分为 3 级，与之相对应的因素也分为 3 类：

A 类因素，发生累计频率为 0%~80%，是主要影响因素；

B 类因素，发生累计频率为 80%~90%，是次要影响因素；

C 类因素，发生累计频率为 90%~100%，是一般影响因素。

帕累托分析法的使用步骤如下。

（1）收集数据。按分析对象和分析内容，通过问卷调查法和专家访谈法，基本确定构成的风险因素。

（2）计算整理。对收集到的数据进行整理与统计分析，按要求计算和汇总，统计风险因素出现的频数和百分比。

（3）绘制分析直方图。按 ABC 分析曲线对应的数据和 ABC 分析表，确定 A、B、C 3 类因素，并在图上标明，绘制 ABC 分析图。帕累托分析法应用的目的是运用数理统计的方法对风险因素进行排序，从而确定主要因素和次要因素，有利于学者合理应用有限的资源。

帕累托分析法属于描述性统计分析方法，与其他探索性分析方法相比，帕累托分析法可以找出主要风险因素，帮助学者了解和分析风险应对的重点，同时也能顾及次要风险因素的影响，得出的结论更具有针对性，有利于学者分析体育领域具有重要影响的风险因素。

4.4　风险矩阵法

风险矩阵，即概率—影响矩阵。风险矩阵法综合风险概率和风险影响两个尺度，构建矩阵。

风险矩阵法包括以下内容：

（1）伤害识别：列出需要评估的危险状态；

（2）伤害判定：根据规定的定义为每个危险状态选择一个危险等级；

（3）伤害估计：对应每个识别的危险状态，估计其发生的可能性；

（4）风险评估：根据步骤（2）和（3）的结果，在矩阵图上找到对应的交点，得出风险结论。

风险矩阵危险等级判定包括以下内容：

（1）非常严重：导致灾难性的伤害，该类伤害可导致死亡；

（2）严重：导致不可逆转的伤害，该类伤害将造成较为严重的负面影响；

（3）一般：该类伤害造成的影响一般；

（4）微弱：该类伤害造成的影响较轻；

风险矩阵法是学者根据经验分别对风险因素的风险影响进行评级和对风险因素发生的概率进行预测的方法。本方法尤其适用于创新性强、具有复杂性和综合性的高新技术类项目的风险评估，具有广泛的推广应用价值。

目前，我国体育领域风险评估的方法主要有列表排序法、层次分析法、帕累托分析法和风险矩阵法等。实践中，由于风险因素的不确定性和复杂性，中小城市群众性体育赛事风险评估方法的选择也有所不同，但是所选的评估方法和预期的结果一定要与组织自身的情况相匹配。必要时，针对评估对象的实际情况选择几种评估方法对同一评估对象进行评估，互相补充、分析综合、相互验证，以提高评估结果的准确性。[21]

5. 群众性体育赛事风险评估指标体系的构建思路

中小城市群众性体育赛事涉及多个环节和部门，是一个复杂的系统工程，宜用系统工程的思维模式来思考。我们把群众性体育赛事风险评估的影响因素分为两个方面：一是内部因素，即内部环境因素所引起的；二是外部因素，即外部环境因素所引起的。图3–11是群众性体育赛事风险评估指标体系的构建思路。

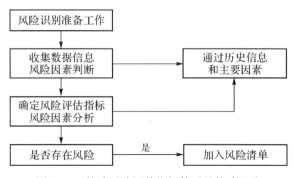

图 3-11　构建风险评估指标体系的构建思路

构建群众性体育赛事风险评估指标体系时，要考虑以下几个方面的内容。

第一，在进行群众性体育赛事风险识别之前，赛事组织者要根据以往赛事的经验，对赛事风险所要评估的内容进行思考和构想，在以往文献资料的基础上，了解赛事风险评估所需要的相关数据，思考下一步如何选择调研对象以及开展调研工作。

第二，对举办群众性体育赛事的城市或地区的现场调研特别重要，应该按照管理学（人、财、物、时间、信息等）进行现场调研，主要了解举办地经济、文化、地域环境、场馆等软硬件设施和举办赛事的基础情况。通过与举办地相关专家、体育工作者的交流，以及查阅当地相关文献资料，获取举办地群众性体育赛事风险方面的相关信息和数据，并归纳、整理、归类。

第三，通过对举办地群众性体育赛事内部环境和外部环境的全面了解，结合赛事项目的特点，赛事组织者将调研结果融入赛事组织运作管理中。

第四，基于调研举办地所获得的人、财、物等调研信息数据，针对所收集的相关数据和信息，对赛事举办各环节中可能存在的风险因素进行判断，形成赛事风险清单。赛事组织者通过咨询专家意见，初步确定赛事风险评估指标体系，并进一步完善风险清单的内容。

第五，赛事组织者建立结构方程模型，对初步确定的风险因素指标体系进行验证性因素分析，并通过模型的整体拟合程度以及各指标之间的路径系数的检验进一步说明指标体系确立的合理性。在验证因素分析之后，最终确立赛事风险评估指标体系。

根据群众性体育赛事运作管理经验，在中小城市群众性体育赛事举办的过程中，每一次安全事故的发生都是由一个或几个风险因素叠加所导致的。如果赛事组织者能够对导致这些风险事件的因素进行系统分析，并加以控制和提前预防，那么中小城市群众性体育赛事风险管理的目标就能顺利实现。

6.群众性体育赛事风险评估的要素体系分析

我国群众性体育赛事涉及面广，赛事组织运作管理过程复杂，参赛运动员人数众多，对赛事组织者而言是一个庞大的系统工程。群众性体育赛事在组织运作管理过程中发生风险的概率要比职业体育赛事大，群众性体育赛事在举办过程中的风险等级也远高于一般的体育活动。群众性体育赛事风险评估的要素具体涉及赛事组织者、参赛运动员、教练员、举办地场馆设施、比赛赛程、比赛规则、比赛内容、比赛时间安排等，而这些要素又与当地的自然环境、地域环境、经济基础、文化特色等组成了一个复杂的动态系统，任何一个环节出现问题，都将严重影响赛事的顺利进行。

在进行中小城市群众性体育赛事风险评估时，第一是确定风险评估的目的，第二是确定评估的主体，第三是确定评估的客体，第四是确定评估的指标，第五是确定评估的方法，第六是确定评估的预设权重，第七是评估结果，这些要素共同构成了一个完整的群众性体育赛事风险评估体系（见图3-12）。一旦确定这些评估要素，就必须按此进行评估方案的设定和实施评估的具体细则的选择。

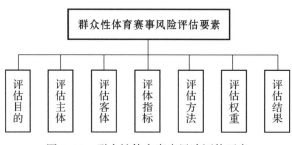

图 3–12　群众性体育赛事风险评估要素

6.1　群众性体育赛事风险评估的目的

目的，通常是指行为主体根据自身的需要，借助意识、观念的中介作用预先设想的行为目标和结果。目的指明了方向，目的贯穿于实践过程的始终。在中小城市群众性体育赛事风险评估的过程中，只有明确风险评估的目的，才能确定风险评估的内容；只有选择适当的评估方法、合适的评估人员，才能不断优化风险评估的水平，提高风险评估的效果，进而实现风险评估的良性循环。

6.2　群众性体育赛事风险评估的主体

我国群众性体育赛事风险评估的主体应该是特定的组织机构，其中第三方组织机构是最佳选择。但是，在我国中小城市群众性体育赛事举办的过程中，由于受各种因素的影响，评估主体一般是赛事组织者、相关赛事领域有经验的专家。

6.3　群众性体育赛事风险评估的客体

群众性体育赛事评估的客体即为评估的行为对象。既要评估举办城市或地区的外部环境，如经济、社会、文化、地域环境等，也要评估赛事内部组织运作程序是否规范，还要评估赛事本身是否符合国家的要求，等等。

6.4　群众性体育赛事风险评估的指标

群众性体育赛事风险评估的指标是对赛事评估对象进行评估分析的重要依据，是实施赛事风险评估的基础。中小城市群众性体育赛事风险评估都要使用一定的指标来进行。群众性体育赛事因其举办地点不同，对赛事评估指标的选择也有所侧重，有的采用定性指标，有的采用定量指标，有的采用定量与定性相结合的指标，视赛事的具体情况而定。

6.5　群众性体育赛事风险评估的方法

群众性体育赛事评估的方法是具体实施评估过程中的技术规范，是在评估指标、评估内容和评估标准的基础上，采用有针对性的评估方法进行评估，但一定要按照风险评估的准确性原则、整体性原则和可测性原则进行，从而取得赛事风险评估公正科学的评估结果。群众性体育赛事风险评估的方法包括：定量计算法、定性分析法，或者两者相结合。

6.6　群众性体育赛事风险评估的预设权重

群众性体育赛事因其举办地点、比赛项目、比赛规模等的不同，对中小城市群众性体育赛事风险评估的预设目标也会有所不同。我们应该根据赛事和所设运动项目的特点来决定所测指标的权重。因此，对于不同赛事的风险评估，评估权重不能是一个固定的数值，而应由评估人员根据赛事规模和基本情况在评估之前预先确定。但是，评估思路框架不变，只是做了有针对性的调整。

6.7　群众性体育赛事风险评估的结果

我国群众性体育赛事风险评估的结果是对赛事出具风险管理与风险预警防范报告的直接理论依据。依据群众性体育赛事风险评估客体的综合得分，我们可以将赛事风险评估分为 3 个不同等级，如好、一般、较差等，以便赛事组织者进行评判。

7. 群众性体育赛事风险评估流程图

群众性体育赛事风险评估是赛事组织者在风险识别基础上的进一步科学分析，是风险管理过程中联系风险识别和风险应对的纽带，是赛事组织者判断风险发生的可能性和风险后果严重性的理论依据，是赛事组织者制定风险预案和风险应对策略的理论基础，是一项长期的、动态的、周期性循环的工程。

本书根据研究需要，构建了群众性体育赛事风险评估流程图（见图3-13）。在中小城市群众性体育赛事风险评估的过程中，可以按此流程图进行风险评估。

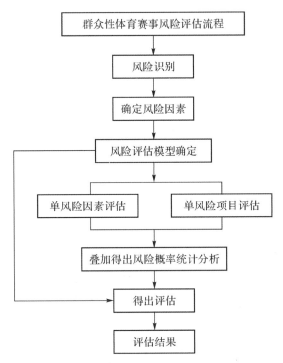

图3-13 群众性体育赛事风险评估流程

参考文献

[1]Berlonghi A. The special event risk management manual[M]. Dana Point, CA: Berlonghi, 1990.

[2]Fuller C, Drawer S. The application of risk management in sport[J]. Sports Medicine, 2004, 34(6): 349−356.

[3] 石岩 . 我国优势项目高水平运动员参赛风险的识别、评估与应对 [J]. 体育科学，2004，24（8）：1−6.

[4] 李国胜，张文鹏 . 关于体育赛事风险管理要素的研究 [J]. 广州体育学院学报，2005，25（3）：39−41.

[5] 史志明 . 关于我国体育赛事风险管理的分析与探讨 [D]. 开封：河南大学，2007.

[6] 董杰，刘新立 . 体育赛事的风险管理研究 [J]. 武汉体育学院学报，2007(5)：28−32.

[7] 蒋钢强，高晓波 . 我国体育赛事运营模式的比较研究 [J]. 山东体育学院学报，2009（10）：12−15.

[8] 孙麒麟，张建新 . 我国大型体育赛事公共安全面临的问题及应对机制 [J]. 体育学刊，2008，15（6）：14−17.

[9] 孙庆祝，刘红建，周生旺 . 综合集成方法在大型体育赛事风险管理中的应用 [J]. 体育与科学，2010（1）：93−96.

[10] 苏念磊 . 基于 AHP 的体育赛事风险管理及实证研究——以网球赛事为例的风险识别、分析与应对初探 [J]. 首都体育学院，2007.

[11] 霍德利 . 体育赛事风险评估与应对策略研究 [J]. 天津体育学院学报，2011，26（1）：49−53.

[12] 张翠梅，周生旺，孙庆祝 .WSR 系统方法论下体育赛事风险评价指标体系的构建 [J]. 南京体育学院学报（自然科学版），2016，15（6）：134−141+160.

[13] 陈蔚，李燕燕，黄明明 . 基于层次全息模型的中小学体育运动会风险评估研究 [J]. 武汉体育学院学报，2019，53（11）：64−71.

[14] 朱华桂，吴超 . 大型体育赛事风险评估研究——以南京青奥会为例 [J]. 体育与科学，2013，34（5）：22-26+30.

[15] 刘路，史曙生 . 中小学生体育锻炼安全风险指标评估体系的构建 [J]. 中国学校卫生，2016，37（12）：1808-1810+1813.

[16] 彭召方，刘鸿优 . 我国山地户外运动风险评估指标体系与预警系统的构建 [J]. 体育学刊，2018，25（1）：68-73.

[17] 李晓亮，郑鑫，陈德明 . 普通高校学校体育运动风险识别与评估研究——以河北省为例 [J]. 广州体育学院学报，2015，35（4）：16-19.

[18] 倪晓茹 . 大型奥运体育场馆活动风险管理研究——以 G 高校奥运体育馆为例 [J]. 北京工业大学学报（社会科学版），2016，16（3）：49-56.

[19] 苏荣海，等 . 大型体育赛事安全事故风险评估 [J]. 北京师范大学学报（自然科学版），2017，53（4）：499-504.

[20] 程江洲，朱偲，付文龙，熊双菊 . 基于贝叶斯网络的水力发电系统动态风险评估方法 [J]. 水利学报，2019（50）：1-10.

[21] 罗云，樊运晓，马晓春 . 风险分析与安全评价 [M]. 北京：化学工业出版社，2004.

群众性体育赛事风险应对

1.群众性体育赛事风险应对的概念

群众性体育赛事风险应对是指在群众性体育赛事风险识别、风险评估的基础上，制定赛事风险管理的方案和办法。

群众性体育赛事风险应对的目的是将赛事举办过程中可能发生的风险降低到可以接受的水平或者可以容忍的程度。

在设计群众性体育赛事风险应对的方案时，主要考虑的是中小城市群众性体育赛事组织运作管理过程中的可行性、成本和收益问题。在此基础上，结合赛事组织者的抗风险能力采取适宜的方案处置风险。只有做好群众性体育赛事组织运作管理环节的风险应对工作，才能有效地进行科学的风险管理。

2.群众性体育赛事风险应对的基本流程

首先，在中小城市举办群众性体育赛事，要明确赛事风险应对的依据，如赛事风险清单、风险排序和赛事组织者的风险承受能力。

其次，根据群众性体育赛事风险应对机制和约束条件，制定针对赛事风险的应对计划，并判断风险应对计划是否符合赛事的实际要求。如果不符合相关要求，则须重新制定风险应对计划。

最后，群众性体育赛事风险应对是一个不断循环、不断寻找风险源的过程，是在赛事组织运作管理过程中针对新发现的风险因素及时制定应对计划的过程。

2.1 群众性体育赛事风险应对的依据

2.1.1 风险因素清单

中小城市群众性体育赛事风险清单包括：风险事件的原因分析、风险性质分析、特征分析、风险类别归类分析，以及举办城市或地区的地域环境、自然环境、经济、文化等特征的描述。

2.1.2 风险排序

中小城市群众性体育赛事风险排序指的是按照风险清单和风险评估的结果，对风险发生的可能性及后果的严重程度进行排序。一般采用定量分析的方法，确定各种风险的相对重要程度，有针对性地选择所要采取的应对方案。

2.1.3 风险承受水平

中小城市群众性体育赛事风险承受水平指的是赛事组织者所能承受的最低限度风险，以及在赛事组织运作管理中所能承受的资金风险。

2.2 群众性体育赛事风险应对计划的工作内容

（1）通过查阅文献资料、咨询赛事组织管理专家和对赛事举办现场进行调研，全面、准确地识别中小城市群众性体育赛事的主要风险因素。

（2）结合举办城市的环境特点和举办项目特点，对已识别的主要风险因素进行有效、科学、有针对性的评估。

（3）根据评估结果，合理划分赛事风险因素的风险等级，并通过不同方式将其清晰地表示出来。

（4）根据风险评估的结果，群众性体育赛事的风险应对需要赛事组织者和相关工作人员的共同参与，并针对参赛运动员风险源、环境风险源、组织管理风险源，场地、器材设施风险源，突发公共卫生事件和赛事医疗救助风险源等不同风险等级状况采取相应的应对措施。

3. 群众性体育赛事风险应对的策略

群众性体育赛事风险应对的策略主要有：风险回避（risk avoidance）、风险降低（risk reduction）、风险自留（risk acceptance）、风险转移（risk transfer）等（见图3-14）。

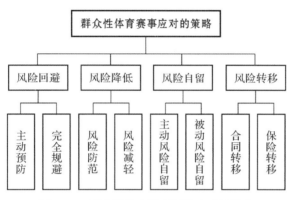

图 3-14　群众性体育赛事风险应对的策略

3.1　群众性体育赛事风险回避

群众性体育赛事风险回避是从源头上消除风险最有效和最直接的方法。如2020年东京奥运会因新冠疫情的影响，举办地日本东京只能将其延后至2021年7月，这也是不得已的风险回避方法。近3年，我国中小城市各类群众性体育赛事基于前期风险因素定性、定量分析，得出其风险损失的结果为赛事组织者所不能承受。因此在没有更有效的应对措施的前提下，只能通过停止比赛或延期比赛等风险回避的方式。如兰州马拉松赛，因为疫情的影响，已经3年未能举办。不得不说，中小城市群众性体育赛事风险回避是最简单的一种风险应对策略，也是最有效的风险应对措施之一。

群众性体育赛事风险回避策略可以分为积极主动预防和完全规避风险两种。积极主动预防是指在中小城市举办群众性体育赛事的过程中，通过积极的方式改变外部环境条件或者内部环境条件，以此减少风险带来的不利后果。完全规避风险是指在中小城市举办群众性体育赛事的过程中，如遇极端天气、自然灾害、突发公共卫生事件、社会动乱等情况，赛事组织者应及时作出取消或终止比赛的决定；或者根据突然遇到的不可控因素，及时调整赛事举办时间或直接取消比赛等。

3.2 群众性体育赛事风险降低

群众性体育赛事风险降低是指当风险发生时，赛事组织者采取一系列措施对主要风险进行抑制以减轻其不良后果对赛事造成的影响。群众性体育赛事风险降低是一种积极主动应对风险的手段。群众性体育赛事的风险识别过程是全面有效减轻风险的关键。

中小城市群众性体育赛事风险降低的主要策略可以分为风险防范和风险减轻两种。风险防范是指事前采取一定的措施（风险识别和风险评估）以降低不利事件发生的可能性（概率）。在风险防范时，最好将每一个具体风险因素都识别出来，并采取不同手段对这些风险因素进行防范，从而把风险降低到可接受的水平。风险减轻是指赛事组织者在不利事件发生时采取措施减少其带来的不良后果的一种方法。风险减轻主要用于风险发生前根据风险形式，从风险源头上控制风险，采取相应措施降低风险发生的可能性。

3.3 群众性体育赛事风险自留

群众性体育赛事风险自留是指因为某些原因，赛事组织者不得不理性或者非理性选择主动承担风险，以维持其他方面的利益。

中小城市群众性体育赛事风险自留的主要策略可以分为主动的风险自留和被动的风险自留两种。主动的风险自留是指赛事组织者在识别和衡量风险的基础上，权衡利弊后所作出的决定。其是赛事组织者在充分准备的情况下，主动承担风险损失、处理风险的一种方式。被动的风险自留是指赛事组织者在风险识别、风险评估后，对风险存在的严重程度认识不清，在赛前没有对风险因素进行处理，最终导致赛事组织者不得不自己承担风险损失。此外，还有一种情况是某种风险既不能防范也回避不了，只能由赛事组织者自留风险。

3.4　群众性体育赛事风险转移

群众性体育赛事风险转移，又称合伙分担风险，是借用保险合同或协议，在安全事故发生时将一部分损失转移到项目以外的第三方身上。

中小城市群众性体育赛事风险转移的主要策略可以分为保险转移风险和合同转移风险两种。保险转移风险是赛事组织者通过与保险公司合作，以投保的方式将风险转移给保险公司，其是赛事组织者用少量的经济代价争取更大的经济收益的一种方式。国外体育保险的险种比较多，我国从桑兰事件后，保险公司和赛事组织者都认识到体育保险存在的巨大空间。随着我国群众性体育赛事的增加，体育险种也会越来越丰富。值得注意的是，购买保险只是赛事组织者将风险损失进行转移，并没有消除或降低风险发生的可能性。合同转移风险是赛事组织者借助《民法典》合同编，用法律保障自身利益不受损失，通过签订的相关法律合同将风险合法地转移给其他主体。

4. 群众性体育赛事风险的具体应对策略

风险具有复杂性、潜在性、不确定性等特征。在中小城市举办的群众性体育赛事中，风险的威胁并不局限于某种具体风险，而是多种风险因素以叠加的形式出现。因此，我们在分析群众性体育赛事风险应对的问题时，应考虑多种应对方法的组合，找出风险源和具体风险因素，根据群众性体育赛事的特点、赛事运动项目设置的特点和举办城市或地区地域环境、经济发展、文化等特征来综合考虑。在此基础上，我们一般采用混合式的多种组合方法应对和控制风险。

根据群众性体育赛事风险识别检查表和风险评估结果可知，参赛运动员风险、环境风险、组织管理风险，场馆、器材设施风险、突发公共卫生事件和赛事医疗卫生风险是群众性体育赛事面临的主要风险源。在中小城市举办群众性体育赛事的过程中，应该采取不同的策略进行风险应对。

4.1 运动员自身风险的具体应对策略

群众性体育赛事参赛运动员自身风险是指参赛运动员在比赛过程中有可能因自身因素造成的风险，主要包括参赛运动员的生理因素、参赛运动员的心理因素、参赛运动员的运动水平、参赛运动员的运动知识能力等风险因素（见表3-15）。

表3-15　参赛运动员自身风险应对策略

风险源	风险因素	主要应对策略
参赛运动员因素	生理风险因素	风险回避
	心理风险因素	风险降低
	运动水平风险因素	风险转移
	运动知识风险因素	风险降低

值得注意的是，在中小城市举办的群众性体育赛事中，参赛运动员大部分是群众以及体育运动爱好者。他们没有专业运动训练的基础，在比赛项目、比赛经验、比赛中的自我防护意识等方面和职业运动员相比存在很大的区别。这就告诉我们在群众性体育赛事中，参赛运动员自身风险的应对尤为重要。2021（第四届）黄河石林越野赛重大安全事故的发生，让我们看到参赛运动员自我防护意识的薄弱。如果当时参赛运动员有一定的运动自我防护意识、风险危机意识，主动选择放弃比赛，就不可能发生如此之大的安全事故。因此，在中小城市举办的群众性体育赛事中，参赛运动员自身风险是赛事组织者要特别重视的一个风险源。这在中小城市群众性体育赛事报名要求事项中应有所体现，而这种体现应该包括以下内容：参赛运动员的身体条件要求、项目特点介绍、项目规则介绍和参赛运动员在比赛过程中自我安全应对策略手册等。

具体应对策略有以下几项。

（1）生理风险因素：在中小城市举办的各类群众性体育赛事中，生理风险因素是指由于赛事组织者和参赛运动员的疏忽或风险意识淡薄导致的风险。因此，群众性体育赛事参赛运动员生理风险因素应从赛事组织者和参赛运动员两个角度出发提出不同的应对策略。

首先，赛事组织者必须要从赛事风险的源头上控制风险，即要有报名须知。报名须知内容包括相关健康证明、项目规则介绍、赛事规则要求、参赛运动员自我风险防范等，以避免一些安全事故的发生。其次，参赛运动员要在赛前对自身的健康状况有一个自我认识，要从思想上认识到自己的身体素质是否达到比赛的要求，超出自身运动量和强度的赛事是有风险的。

（2）心理风险因素：参赛运动员因自我心理原因导致的风险。应对心理风险的主要策略是提高参赛运动员的心理承受力，要求参赛运动员注意和了解相关运动心理的知识。让参赛运动员认识到参加群众性体育赛事对心理、生理等各方面都会有一定的影响，这种影响有有利的一面，也有不利的一面。体育的魅力就在于不确定性和自我超越，群众性体育赛事组织者应营造良好的参赛氛围，参赛运动员也要有适应比赛压力的能力、自我调节的能力、自我认知运动水平的能力，以避免因心理因素造成的风险。

（3）运动水平风险因素：参赛运动员的运动水平主要体现在技、战术运用情况，运动强度把控和运动量适应等方面。因此，赛事组织者在组织报名时，要有相关提示和要求，尤其是耐力项目，如路跑、马拉松、越野跑等；参赛运动员应该在比赛中合理运用技、战术，提前演练，避免在赛事中因外在因素和自身原因造成运动损伤或导致其他风险。

（4）知识能力风险因素：参赛运动员的知识能力主要与体育相关的知识有关，包括体育运动损伤预防能力、突发风险的应对能力，技、战术能力，自我调节能力等，这些能力是平时长期积累的结果。只有相关知识积累到一定程度，才能提高自身在比赛过程中的风险预见和处理风险事件的能力。这部分内容应该在报名须知中有所体现，赛事组织者可以做一个小册子，介绍所设比赛项目、赛事规则要求、相关风险预防等。

4.2　环境风险的具体应对策略

群众性体育赛事环境风险主要是自然环境造成的风险因素和社会环境造成的风险因素（见表3-16）。

表 3-16　环境风险应对策略

风险源	风险因素	主要应对策略
环境风险	自然环境风险因素	风险回避
		风险降低
	社会环境风险因素	风险自留
		风险转移

具体应对策略是有以下几项。

（1）自然环境风险因素：主要包括自然灾害、恶劣环境、极端天气、特殊地形地貌、地质灾害、高原地区等指标。

自然环境风险应对的策略是：举办地的不同和自然环境的不确定性会导致风险随时发生。因此，在中小城市群众性体育赛事的组织过程中，赛事组织者首先在思想上要有风险管理意识。对以往赛事举办的成功经验也不能有依赖思想，因为随着时间的推移和环境的变化，赛事风险管理也在不断变化，不能有刻舟求剑的思想。如 2021（第四届）黄河石林越野赛重大安全事故就告诉我们对赛事风险管理，一定要有敬畏心理和危机意识。在自然环境风险应对方面，赛事组织者应联合举办城市或地区的气象、地质灾害、突发事件监测等部门做好自然环境风险预测，根据以往数据进行风险回避、风险降低，选择最小风险时段举办赛事。此外，可以通过体育保险或合同转移的形式进行相关风险转移。参赛运动员也要有风险转移的意识，如国外运动员就会给自己购买体育保险，我们的参赛运动员也可以购买相关体育保险，以应对比赛中的各种风险。

（2）社会环境风险因素：主要包括社会治安事件、政府支持风险、当地民众支持风险，宗教、种族问题、文化差异、新闻媒体舆情报道、经济风险等指标，包含的内容比较广，风险因素也更为复杂。

社会环境风险的应对策略包括以下几个方面。首先，赛事组织者对举办地进行前期调研，识别赛事举办过程中的风险因素，并结合赛事所设比赛项目的特点、赛事场馆设施情况，举办地的地域环境、气候、经济、文化等，制定和完善参赛规章制度及应急管理制度，让赛事组织者和参赛运动员"有法可依"。

其次,赛事组织者要高度重视安保问题,与当地政府协同维护治安环境,落实赛事安全保障工作。赛事组织者应提前做好赛前的准备和宣传,注重举办城市或地区的地域文化差异,积极争取当地政府、群众的支持,注重媒体的社会作用,媒体的正面报道对宣传举办城市或地区的城市形象特别重要。参赛运动员在赛前也要充分了解当地的风土人情,尊重当地的文化,避免发生不必要的事件。

4.3　组织管理风险的具体应对策略

群众性体育赛事组织管理是整个赛事成功举办的基础保障,是中小城市群众性体育赛事组织者的水平体现。

群众性体育赛事组织管理关系到参赛运动员的生命财产安全,是风险应对工作的重要保障。如表3–17所示,群众性体育赛事组织管理风险的应对策略包括两个部分:一个是赛事组织者在制度层面的应对,另一个是赛事组织者在管理层面的应对。每个环节都会考验赛事组织者对群众性体育赛事的熟悉程度和专业水平。

表 3–17　组织管理风险的应对策略

风险源	风险因素	主要应对策略
组织管理风险	制度层面风险因素	风险回避
		风险降低
	管理层面风险因素	风险自留
		风险转移

我们结合2021(第四届)黄河石林越野赛重大安全事故的分析得出,在中小城市举办群众性体育赛事,赛事组织者一定要有赛事风险危机意识,每个环节的细节都很重要,不能因为有以往成功举办群众性体育赛事的经验而简化一些组织机构和工作人员,一定要把风险管理放在首位。群众性体育赛事有其独有的特点,参赛主体大多数是体育运动爱好者,赛事目的也是丰富群众的业余文化生活。但参赛人数逐年增加,赛事规模也在不断

扩大,这就要引起赛事组织者的注意。赛事组织者要关注每一个可能发生风险的因素,要有风险意识,而且要让每一位工作人员都有风险意识。

具体应对策略包括以下几项。

(1)赛事组织者要完善风险管理机构的组织工作和风险管理规章制度建设,建立动态风险数据库,及时应对群众性体育赛事举办过程中发生的风险,最大化保障参赛运动员的正常比赛。

(2)赛事组织者应聘请拥有丰富经验的赛事风险管理团队,要与举办城市或地区的裁判、教练、协会管理者及时沟通交流。这一点特别重要,因为不同的地域环境、文化特点都会给赛事组织运作管理带来风险。赛事组织者应在分析、细化举办地赛事风险因素的基础上,有针对性地制定群众性体育赛事风险管理方案,减少参赛运动员面临的风险。

(3)赛事组织者应在全面识别赛事风险的基础上,做好风险应急预案工作和突发事件应急预案的演练工作,还应有相应的监管手段和监管保障机制。

(4)赛事组织者应加强对工作人员风险意识的思想教育培训和相关运动项目风险业务培训,让每一位参与赛事的工作人员都有赛事风险意识。

(5)赛事组织者要做好参赛人流应急方案设计,避免发生踩踏风险;赛事组织者应完善赛事日程、交通、食宿等安排,提高参赛运动员人身安全保障和参赛体验感。

4.4 场馆、器材设施风险的具体应对策略

群众性体育赛事场馆、器材设施风险主要包含比赛场馆、附属场馆、临时设施、器材设施等指标(见表3-18)。中小城市群众性体育赛事组织者应提前对举办场馆和赛段有一个全面客观的了解,不能有麻痹大意和经验主义思想,不能把已有成功经验作为当前比赛的经验。

表 3-18　场馆、器材设施风险的应对策略

风险源	风险因素	主要应对策略
场馆、器材设施风险	比赛场馆风险因素	风险回避
	附属设施风险因素	风险降低
	临时设施风险因素	风险转移
	器材设施风险因素	风险降低

具体应对策略有以下几项。

（1）比赛场馆风险因素：比赛场馆是群众性体育赛事举办的基础条件，也是主要风险源。尤其在举办室外群众性体育赛事的过程中，很容易发生安全事故，赛事组织者一定要对比赛场馆有一个全面的了解。在中小城市普遍开展的门槛相对较低的路跑赛事、马拉松赛事、越野跑赛事等都是在自然环境下举办的比赛，赛事组织者更应认真对待，而且每一次比赛的场地不一样，风险因素也会不一样。

针对群众性体育赛事比赛场馆风险因素我们主要设置了"室内场馆安全性""室外场地安全性""赛道设计与规划合理性""场馆周围安全保障"等指标。赛事组织者应根据指标有针对性地进行风险防范。

（2）附属设施风险因素：附属设施是比赛主场馆的补充。2021（第四届）黄河石林越野赛重大安全事故告诉我们，在举办室外群众性体育赛事时，合理安排补给点特别重要，尤其是马拉松、越野跑等相关路跑赛事。针对群众性体育赛事附属设施，我们设置了"赛事补给点合理性""配套设备完善性""比赛标志位醒目性""赛事附属设施安全性"等指标，赛事组织者要根据项目特点和规则进行相关风险防范。

（3）临时设施风险因素：临时设施是指临时为群众性体育赛事搭建的设施。赛事组织者要合理规划临时设施的布局位置和数量，在保证设施安全性的前提下提供便捷性，避免发生安全事故。针对群众性体育赛事的临时设施，我们认为"临时设施安全性""临时设备安全性""应急设施配备到位性"是赛事组织者需要重点关注的对象。

4.5 突发公共卫生事件和赛事医疗救助风险的具体应对策略

群众性体育赛事突发公共卫生事件和赛事医疗救助风险是中小城市群众性体育赛事突发事件应急预案很重要的一部分。以往我们更多考虑的是比赛过程中突发事件医疗救助方案的设计和救助问题，2020 年新冠疫情让我们了解了群众性体育赛事中突发公共卫生事件给赛事带来的巨大影响。在群众性体育赛事的筹备阶段，一定要考虑突发公共卫生事件的风险影响。突发公共卫生事件和赛事医疗救助风险的应对策略见表 3-19。

表 3-19　突发公共事件和赛事医疗救助风险的应对策略

风险源	风险因素	主要应对策略
突发性事件和赛事医疗救助	突发公共卫生事件风险因素	风险回避
	赛事医疗救助风险因素	风险转移

具体应对措施有以下几项。

（1）突发公共卫生事件风险因素：群众性体育赛事突发公共卫生事件主要针对 2020 年新冠疫情对体育赛事的影响而设，也是中小城市群众性体育赛事组织者需要特别注意防范的风险问题之一。

（2）赛事医疗救助风险因素：群众性体育赛事赛事医疗救助是在中小城市举办群众性体育赛事的过程中及时处理突发事故的主要应对措施。

具体应对策略有以下几项。

（1）赛事组织者在前期调研的基础上，依据赛事规模的大小、参赛人数和比赛项目的特点，结合当地医疗状况，合理分配赛事救助医院、医疗人员、医疗物资、急救设备和医疗志愿者等；在赛事筹备阶段要完善医疗救助设备并加强相关人员医疗救助的培训，实现举办城市或地区医疗资源的最大化和精准化运用。

（2）赛事组织者应根据群众性体育赛事的需求，提前做好救助预案，进行医疗救助演练。以此提高医疗救助的反应速度，保证在救援黄金时间及时施救。

（3）因群众性体育赛事参与人员众多，赛事组织者必须提前规划救援通道。

第四部分
群众性体育赛事案例分析

案例1：群众性体育赛事——2021（第四届）黄河石林越野赛重大安全事故的反思

摘要：本文以2021（第四届）黄河石林越野赛重大安全事故为切入点，通过梳理和分析越野跑项目的发展，黄河石林越野赛赛事的发展现状、事故原因、政策文件得出：越野跑在我国的发展比较晚，属于新兴运动项目；越野跑项目管理归口不明确；赛事组织者风险意识淡薄，风险预案不完善；此次事故是天气诱因和赛事组织运作管理不完善等风险因素叠加造成的重大安全事故。建议：树牢赛事风险防范意识；完善赛事组织风险预案；购买相关保险；明确越野跑项目管理归口；按照项目特点有针对性地进行风险防范。

关键词：越野赛；组织者；事故；风险管理

1.研究背景

2021年5月22日，在甘肃省白银市景泰黄河石林景区举办的2021（第四届）黄河石林越野赛期间，突遇降温、降水、大风天气，造成21名参赛运动员死亡和8人受伤的重大安全事故。事故发生后，习近平总书记等中央领导同志作出重要指示和批示，要求做好应急救援、伤员救治、善后处理、事件调查等工作，并要从此次事故中深刻吸取教训，完善体育赛事组织运作管理，加强风险防范，依法依规严肃追究责任。[1]甘肃省委、省政府在第一时间主持召开专题会议，进行安排部署，启动应急预案，成立现场指挥部，集中力量开展人员搜救、伤员救治和善后处置工作；同时，成立联合调查组，并在 3 周内完成事故调查，其中有 27 名公职人员被追责问责。[2]

2021（第四届）黄河石林越野赛重大安全事故的发生，给我们敲响了群众性体育赛事风险管理的警钟。对于体育工作者来说，在警醒和悲痛之余，我们更应探究和思考此次事故背后存在的问题。

2. 越野跑的概念

对于"越野跑"概念的界定，学术界一直没有统一的定义。王冰[3]认为，越野跑是在登山徒步路线基础上的奔跑。崔岢等[4]认为，越野跑是马拉松或路跑赛事的一种。它一般依据山地、河道等地理条件和自然环境设计路线，对参赛运动员有一定的挑战性。胡俊杰[5]认为越野跑是个比较宽泛的概念，其路线的长度、难度、海拔高度没有一个统一的标准。潘朝文、程传银[6]认为越野跑是一项与马拉松相关的运动，是主要依托各地区户外自然环境资源的新兴户外运动。晏鸿等[7]认为，越野跑是在高山、沙漠、森林、沿海地区、丛林、草甸等自然环境中进行的一种跑步比赛，路线必须有正确标记，赛事主办方必须检查运动员的强制装备，并提供健康、安全、救援等赛事具体计划。于长久[8]认为，越野跑是以野外自然环境为条件设置起点和终点，赛道包括陡坡、高山、河流、草丛、泥地等自然资源，尽量避开公路和柏油路，借用必要的登山杖、头灯、GPS 等工具，进行速度跑、徒步、攀登山峰等相结合的综合性体育赛事。

在国外，越野跑运动是个比较宽泛的概念，其从欧美山野徒步运动发展而来，是主要在高山、森林、沙漠、沿海地区、丛林、草甸等自然环境中进行的一种跑步比赛。

本文以中国马拉松管理文件汇编[9]最新版对越野跑的界定为准。越野跑是由马拉松、徒步运动派生出来的在所有开放的自然环境下（包括山川、沙漠、森林和平原等）进行的长距离跑步、徒步或接力活动，举办活动的场所应主要为未经人工硬化的自然路面（包括山地碎石路、泥土路、森林、单道小径或少量公路）。越野跑主要包括山地跑、山径越野跑、雪地越野跑等（以下简称越野跑）。赛事举办应以安全、公平竞赛以及对环境的保护为长久发展目标。

3. 越野跑赛事的起源与发展

有历史记载，最早的越野跑比赛起源于 11 世纪的英格兰，据说是为了寻找跑得最快的信使，也有一种说法是越野跑在国外最初只是一项军事运动。比较成型的越野跑比赛从 19 世纪 30 年代英国的校园游戏演变而来，到 1881 年越野跑比赛标准基本形成。值得关注的是在奥运会的发展史上，越野跑比赛曾经在 1912 年、1920 年、1924 年作为奥运会的单项比赛项目。但在 1924 年巴黎奥运会越野跑比赛中，因为天气炎热出现安全事故导致多人失踪后，被踢出奥运会的单项比赛项目，只在现代五项中保留一个小分项，而且难度也大大简化，这种情况一直延续到今天。

1970 年，英国越野跑联盟（FRA）成立，主要负责组织安排相关赛事。此外，还有两个词也经常用于越野跑：一个是超级跑，主要指难度较大或者距离超长的比赛；另一个泛指越野跑，这种跑步对距离没有具体要求，突出野外或户外的特性，对难度也没有特指。世界上有六大著名越野跑赛事，这些顶级的越野跑比赛备受越野跑者的青睐和喜爱。

越野跑比赛进入我国的时间相对较晚。1997 年，在四川西昌举办的七星国际越野挑战赛是我国最早的户外越野跑赛事。[10]我国举办的第一个 100 公里越野跑赛事是 2009 年北京国际越野挑战赛。2000 年 8 月，在吉林长白山举办的"长白参杯"全国大学生登山越野挑战赛是由我国登山协会设计筹办的第一场全国性越野跑比赛。[11]2011 年，中国登山协会将越野跑纳入了政府组织赛事业务范围。

越野跑赛事在我国的发展具有鲜明的阶段性。按每年举办的越野跑赛事场次划分，可以把越野跑的发展划分为 3 个阶段。第一阶段是 1997—2013 年，越野跑处于发展阶段。这一阶段的特征是每年举办的越野跑赛事的数量平均不到 10 场。第二阶段是 2014—2019 年，越野跑处于爆发式增长阶段。这一阶段的特征是 2014 年国务院印发的《关于加快发展体育产业促进体育消费的若干意见》[12] 和 2014 年国家体育总局印布的《关于推进体育赛事审批制度改革的若干意见》[13] 等文件，取消了商业性和群众性体育赛事审批制度。第三阶段是 2020 年至今，越野跑处于停滞和回归理性阶段。这一阶段的鲜明特征是 2020 年 1 月底，受新冠疫情的影响，越野跑赛事第一次被叫停。随着我国新冠疫情防控常态化，各地积极恢复办赛，2020 年 5 月出现了越野跑赛事举办的小高峰。但 2021（第四届）黄河石林越野赛重大安全事故暴露了越野跑比赛的安全和监管问题，从 2021 年 6 月 2 日国家体育总局办公厅发布的《关于暂停相关体育活动的通知》[14] 中可以看出，我国越野跑赛事的发展又一次被迫中断（见图 1-1）。

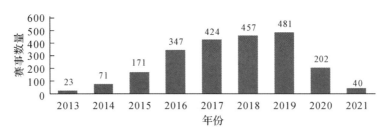

图 1-1　我国 2013—2021 年越野跑赛事
（数据来源：中国田径协会官方网站）

4. 黄河石林越野赛赛事发展现状分析

通过对 2021（第四届）黄河石林越野赛重大安全事故的分析，笔者认为应结合前三届赛事进行对比，以此对整个赛事发展过程有一个全面、客观、深层次的了解。

4.1　黄河石林越野赛主题、目的、评定等级的对比分析

从赛事主题和目的分析，政府的初心是想通过体育赛事与旅游景点的

巧妙结合，在打造特色体育赛事的同时宣传黄河石林景区。而越野跑比赛本身所具有的特点最能与黄河石林自然景观相融合。第一届和第二届赛事突出的主题是"饮马黄河水，征战石林路"，是竞赛和群众参与相结合的比赛形式；第三届和第四届突出的主题是"最美乡村·乐享石林""征战黄马·问鼎石林"，是综合性、群众性体育赛事。其始终有一个主线，即围绕"黄河石林越野赛"打造体育与旅游融合发展的品牌模式。

从评定等级分析，第一届和第二届赛事都获得了中国田径协会 A 类赛事认证；第三届和第四届赛事因疫情影响，改为线上和线下同时举办，未获得中国田径协会赛事相关认证（见表 1-1）。

表 1-1　四届黄河石林越野赛主题、目的、评定等级对比分析

项目	第一届	第二届	第三届	第四届
主题	"饮马黄河水，征战石林路"	"饮马黄河水，征战石林路"	"最美乡村·乐享石林"	"征战黄马·问鼎石林"
赛事名称	2018（首届）黄河石林百公里越野赛暨首届黄河石林国际马拉松赛	2019（第二届）黄河石林百公里越野赛暨黄河石林山地马拉松赛	白银乡村振兴第一跑2020（第三届）黄河石林山地马拉松百公里越野赛暨第四届黄河风情文化旅游节	2021（第四届）黄河石林山地马拉松百公里越野赛暨乡村振兴健康跑
目的	旨在打造黄河石林景区品牌，提升白银旅游的知名度	旨在打造黄河石林景区品牌，提升白银旅游的知名度	宣传推介景泰的优质农产品、旅游产品资源，助力乡村振兴	全方位展示白银黄河风光、特色旅游、运动成绩和精神文明双丰收
评定等级	中国田径协会认证A类赛事	中国田径协会认证A类赛事	无认证	无认证

资料来源：对四届秩序册的整理。

4.2　黄河石林越野赛主办方、承办方、运作方和中标金额的对比分析

从四届主办方、承办方、运作方的对比分析可知，四届赛事相关组织者没有变化。承担赛事运作的主要是甘肃晟景体育文化发展有限公司（以下简称甘肃晟景体育公司）。该公司参与了四届赛事的运作管理工作，对

黄河石林赛事的比赛流程、规模、规则、参赛运动员、裁判等有着全面、清晰的掌握。从赛事资金中标金额对比看，甘肃晟景体育公司中标金额是逐年增加的（见图1-2、表1-2）。

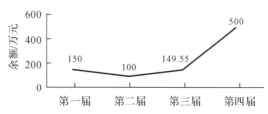

图1-2　甘肃晟景体育公司资金中标金额对比

表1-2　四届黄河石林越野赛主办方、承办方、运作方对比分析

项目	第一届	第二届	第三届	第四届
主办方和承办方	中国田径协会、白银市政府、甘肃省体育局、景泰县政府、白银市体育局	中国田径协会、白银市政府、景泰县政府、白银市体育局	白银市政府、景泰县政府、白银市体育局	白银市政府、景泰县政府、白银市体育局
运作方	黄河石林大景区管委会，甘肃晟景体育公司，甘肃泰圯农业有限责任公司等	甘肃晟景体育公司	甘肃晟景体育公司、万美实业、兴达印刷、宏翔基业汽配等	景泰黄河石林文化旅游开发有限公司、甘肃晟景体育公司

资料来源：对四届秩序册的整理。

4.3　黄河石林越野赛项目设置、比赛路线的对比分析

黄河石林越野赛项目设置和全国大部分商业体育赛事的项目设置基本一致，主要是当地政府围绕黄河石林景区独特的地理环境，打造特色体育赛事，是一种创新赛事模式（见表1-3）。

表 1-3 四届黄河石林越野赛项目设置、比赛线路对比分析

项目	第一届	第二届	第三届	第四届
赛事项目设置	山地体验赛（12000人）42.195公里山地马拉松赛（2000人）100公里越野赛（400人）	山地体验赛（12000人）42.195公里山地马拉松赛（2000人）100公里越野赛（400人）	5公里越野赛21公里越野赛100公里越野赛	5公里乡村振新跑（1700人）21公里越野赛（93人）100公里越野赛（172人）
比赛路线	黄河石林景区南山广场大门（起点）—豹子沟广场—观景台—常生村—朱家窑—付家岘—金坪村—戚家泉—豹子沟广场（终点）	黄河石林景区门口（起点）—豹子沟广场—观景台—常生村—朱家窑—付家岘—金坪村—戚家泉—豹子沟广场（终点）	黄河石林景区门口（起点）—豹子沟广场—观景台—常生村—朱家窑—付家岘—金坪村—戚家泉—豹子沟广场（终点）	黄河石林景区门口（起点）—豹子沟广场—观景台—常生村—朱家窑—付家岘—金坪村—戚家泉—豹子沟广场（终点）

资料来源：对四届秩序册的整理。

四届赛事的比赛线路基本一致。2021（第四届）越野赛的比赛线路是：黄河石林景区门口（起点）—豹子沟广场—观景台—常生村—朱家窑—付家岘—金坪村—戚家泉—豹子沟广场（终点），全程 96.07 公里，共设置 9个打卡点。除 P3 打卡点外，其他各打卡点均设有补给点。问题就出在 P2打卡点到 P3 打卡点之间。

笔者也专门到赛事现场进行了实际考察和走访，发现发生安全事故的 P2-P3 赛段车辆是无法通行的，只能依靠人力救援，而且要熟悉当地地形的本地人。回顾整个事故，如果没有天气影响，这一路段的"简化"完全可以。但是事故的发生不以人的意志为转移，问题的根源是赛事组织者风险防范意识淡薄、赛事组织不规范所致，教训是惨痛的。

4.4 黄河石林越野赛参赛人数、时间、工作人员数量的对比分析

从参赛人数和比赛时间来看，前三届的参赛人数都超过了 1 万人，属

于大型群众性体育赛事。从 2021（第四届）黄河石林越野赛参赛运动员来看，赛事级别也是比较高的，吸引了国内大部分顶尖越野跑运动员参加。4 次比赛时间都安排在 5—9 月，对于黄河石林地区来说，气候、温度都适宜举办各种体育赛事。

从工作人员数量的统计分析来看，赛事工作人员的数量呈逐年下降趋势。这对赛事运作方来说降低了成本，但增加了风险（见表 1-4）。

表 1-4　四届黄河石林越野赛比赛时间、参赛人数、工作人员数量对比分析

项目	第一届	第二届	第三届	第四届
比赛时间	2018年5月20日	2019年6月8日	2020年9月29日	2021年5月22日
参赛人数	14000人	14400人	10600人	1965人
工作人员	400人	120人	72人	48人

综上分析得出：（1）黄河石林越野赛前两届的举办是成功的，获得了中国田协 A 类认证，第三届因疫情原因有所改变，但也是一种模式创新；（2）越野赛最为关键的是比赛线路选择，对比发现四届赛事在主线路选择上并没有变化；（3）赛事运作方是甘肃晟景体育公司，并且四届赛事其都是主要运作方，承办赛事的资金逐年增加，赛事工作人员的数量却逐年减少。

5. 2021（第四届）黄河石林越野赛重大安全事故的原因分析

2021（第四届）黄河石林越野赛 100 公里越野赛报名 187 人，实际参赛运动员 172 人。比赛当天受冷空气影响，突遇降温、降水、大风天气。在 P2-P3 打卡点赛段由于天气影响和救援不到位，导致跑在最前面的参赛运动员 21 人死亡、8 人受伤。

回顾此次赛事参赛运动员以往的参赛经历可知：这次比赛会聚了国内大部分顶尖越野跑运动员，其中有参加过前三届黄河石林越野赛，并获得三届冠军的参赛运动员，也有在其他越野跑比赛中获得冠军的运动员。他们应该对越野跑比赛很熟悉，这就不得不让我们进一步思考为什么这些有

大赛经验的运动员反而在这次比赛中发生伤亡事故。

5.1　举办地线路海拔高度对参赛运动员的影响分析

黄河石林景区占地面积 34 平方公里，其中石林面积 10 平方公里，地处黄土高原和腾格里沙漠过渡带，地形总体上为西南、东北高而中间低。最高峰为大峁槐顶，海拔 3017.8 米；最低点为黄河谷地，海拔 1480 米。

5 月 22 日，比赛赛段的海拔高度如图 1-3 所示：P1 打卡点，海拔 1589 米；P2 打卡点，海拔 1347 米；P3 打卡点，海拔 2230 米。对比分析，P2-P3 赛段的海拔明显高于 P1-P2 打卡点。但对于越野跑运动员来说，其属于可控海拔范围，难度不大。

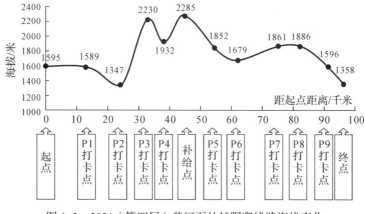

图 1-3　2021（第四届）黄河石林越野赛线路海拔变化

5.2.2　比赛当天参赛运动员体感温度影响分析

5 月 22 日，景泰县最低气温降幅 4 ～ 8℃，气温 4 ～ 16℃（见图 1-4），最大风力 7 ～ 8 级，并伴有 0.2 ～ 7.2 毫米的降水。比赛赛段最大降温出现在早晨 9：00 到下午 1：00，P2-P4 赛段的气温从早晨 8：00 开始持续下降，5 小时降温 5 ～ 7℃，P3 打卡点附近气温降到 4℃左右。大风时段主要出现在早晨 9：00 到下午 5：00，低海拔地区赛段平均风力 4 ～ 6 级，最大阵风 7 ～ 8 级。P2-P3 打卡点高海拔地区赛段平均风力可达 6 ～ 7 级，最大阵风 8 ～ 9 级。降水时段主要出现在上午 11：00 到下午 2：00。P2-P4 赛段 24 小时内的累计降水量为 3.0 ～ 5.0 毫米，P2–P3 赛段随着海拔升高，部分赛段出现冰粒。对于当时的运动员来说，如果赛事组织者要求携带强制装备（保温毯）或者有完备的风险预案（这一赛段有志愿者或工作人员及时疏导），悲剧就不会发生；如果运动员自我防护意识强，对越野跑运动有深层次的认识，或者选择放弃比赛，就不可能发生如此重大的安全事故。可事实是，P2–P3 赛段的工作人员只有 2 人，属于所有赛段工作人员最少的补给点。

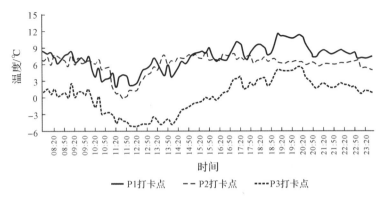

图 1–4　5 月 22 日 8：00–23：00（P1 打卡点、P2 打卡点、P3 打卡点）体感温度

6. 相关政策文件分析

6.1　国家出台的政策文件分析

2014 年 10 月 20 日，国务院印发《关于加快发展体育产业促进体育消费的若干意见》；2014 年 12 月 30 日，国家体育总局印发《关于推进体育赛事审批制度改革的若干意见》，旨在加快体育产业发展、促进体育消费、取消商业性和群众性体育赛事审批制度。至此，我国各类体育赛事（包括越野跑赛事）的举办数量开始呈现爆发式增长。2016 年 5 月，国务院办公厅印发《体育发展"十三五"规划》[15]；2018 年 12 月，国务院办公厅印发《关于加快发展体育竞赛表演产业的指导意见》[16]；2019 年 8 月，国务院办公厅发布《关于印发〈体育强国建设纲要〉的通知》[17]；2019 年 9 月，国务院办公厅印发《关于促进全民健身和体育消费推动体育产业高质量发展的

意见》。[18]这些利好政策文件的出台旨在推动体育产业成为国民经济支柱性产业，激发体育产业市场活力和群众的消费热情，积极实施全民健身行动，使参加体育锻炼成为人们的一种生活方式。

根据国家颁布的相关文件精神，甘肃省结合本省实际情况也出台了一系列有针对性的文件，其目的也是进一步推动体育产业与文化、教育、旅游等相关产业的融合发展。如2016年，甘肃省人民政府在全国率先印发了《贯彻落实国务院关于加快发展体育产业促进体育消费若干意见的实施意见》[19]；2017年，甘肃省发展改革委员会联合9部门印发了《支持社会力量举办马拉松、自行车等大型群众性体育赛事指引（2017年）》[20]；2018年，甘肃省人民政府办公厅印发了《关于加快发展健身休闲产业的实施意见》[21]；2020年，甘肃省人民政府办公厅印发了《关于加快发展体育竞赛表演产业的实施意见》[22]；等等。

从表1-5所示文件中可以看出，在国家层面和地方政府层面，都大力支持体育产业、体育赛事、体育与旅游的融合发展。黄河石林越野赛也是在这种大环境下积极筹备和成功举办的，是符合国家政策导向的。

表1-5　国家政策文件与地方配套相关政策文件

国家政策文件	地方政府相应政策文件
2014年10月，国务院印发《关于加快发展体育产业促进体育消费的若干意见》；2014年12月，国家体育总局印发《关于推进体育赛事审批制度改革的若干意见》	2016年，甘肃省人民政府在全国率先印发了《贯彻落实国务院关于加快发展体育产业若干意见的实施意见》；2017年，甘肃省发展改革委员会联合9部门印发了《支持社会力量举办马拉松、自行车等大型群众性体育赛事指引（2017年）》
2016年10月，国务院办公厅印发《关于加快发展健身休闲产业的指导意见》	2018年，甘肃省人民政府办公厅印发了《关于加快发展健身休闲产业的实施意见》
2018年12月，国务院办公厅印发《关于加快发展体育竞赛表演产业的指导意见》	2020年，甘肃省人民政府办公厅印发了《关于加快发展体育竞赛表演产业的实施意见》
2019年9月，国务院办公厅印发《关于促进全民健身和体育消费推动体育产业高质量发展的意见》	—

6.2 越野跑项目政策文件分析

查阅相关文件可知，越野跑项目在我国的监管一直没有统一。最早可以查阅到的相关越野跑管理文件是 2016 年 4 月中国登山协会发布的《中国登山协会超长距离山地越野比赛竞赛规则》和 2021 年 4 月中国田径协会以文件汇编形式发布的《中国越野跑运动赛事组织标准》。而这两份有关越野跑的项目管理文件分属于两个协会，由此造成了越野跑项目到底归谁管理的问题。如果赛事管理归口不明确，在赛事举办过程中，赛事监管就会处于真空状态，赛事门槛就会降低，赛事方案的审核就会不严谨，导致赛事质量参差不齐。从黄河石林越野赛的组织来看，其存在越野赛管理归口划分不清的问题。其实从这次事故的相关媒体报道中也可以明显看出，马拉松、越野跑等概念互换和混淆常有发生。

7. 结论与建议

7.1 结论

（1）越野跑在我国属于新兴运动项目，随着我国 2014 年体育赛事审批制度的改革，越野跑呈爆发式增长，但赛事风险的问题一直存在，没有引起赛事组织者的重视。

（2）黄河石林越野赛是当地政府精心打造的一张体育与旅游融合发展的城市名片。当地政府办赛的初心是想通过有影响的特色赛事，给黄河石林景区做宣传，带动当地经济的发展。从前两届的举办来看这种做法是成功的，获得了中国田径协会 A 类赛事的认证，举办规模和参与人数逐年增加，2020 年因新冠疫情影响，赛事采取线上和线下结合的方式，也是一种创新模式；从参赛运动员的组成来看，黄河石林越野赛聚集了国内顶尖的越野跑运动员，在越野跑圈内应该是认可度很高的赛事；从线路设计分析来看，四届赛事的线路基本一致，没有大的改动，与世界知名越野赛的比赛线路相比，黄河石林越野赛的比赛线路相对"简单"。

（3）此次重大安全事故主要是由自然灾害和赛事组织者风险管理问题导致。诱因是自然风险（大风、冰雹、气温骤降）、赛事组织者风险管理不到位（赛事组织者风险意识淡薄、风险预案不完善，没有按照越野赛规则要求办赛，关键补给点人员少、通信设施不完善等）和参赛运动员风险（比赛自我安全意识不强，赛中自救、应变能力弱），最终发生重大人员伤亡事故。

（4）越野跑项目管理归口不明晰。中国登山协会和中国田径协会相继发布了有关越野跑的管理办法，导致体育协会之间的管辖范围存在交叉地带和监管空白，反而不利于管理。

7.2　建议

7.2.1　树牢赛事风险防范意识

体育赛事本身就是高风险活动，无论赛事组织者、参赛运动员还是相关工作人员，都要树牢风险防范意识。黄河石林越野赛重大安全事故告诉我们，风险无处不在。在赛事中，只要有风险诱因，各种风险因素就有可能叠加，从而造成重大损失。因此，群众性体育赛事要树牢风险防范意识。

7.2.2　完善突发事件应急预案

应急预案的制定是为了降低或转移风险损失，是在了解比赛目的的基础上，对比赛环境、场馆等进行风险识别，找出风险因素，进行科学的计划与安排。赛事组织者在制定好应急预案后，应开展突发事件应急演练，在演练中发现新的问题，以全面提高应对突发事件的处置能力。

7.2.3　购买保险

越野跑属于一种极限运动，比赛难度大，存在各种风险。保险能够规避和转移风险，赛事组织者和参赛运动员可以通过购买相关保险规避风险。

7.2.4　明确越野跑管理归口

通过此次重大安全事故，相关部门要明确越野跑项目的管理归口，成立越野跑协会，组织专业人士编写相关赛事的管理准则和组织标准，应坚持明确谁主管、谁监管、谁办赛、谁负责的原则，让赛事安全、有序、健康地发展。

7.2.5 按照项目特点有针对性地进行安全防范

每个项目都有其特点，在赛事组织的过程中，只有紧紧抓住项目规则，总结前人经验，知己知彼，才能把赛事风险降到最低。

参考文献

[1] 甘肃省人民政府.白银景泰"5·22"黄河石林百公里越野赛公共安全责任事件调查报告 [EB/OL].(2021-06-25)[2021-08-20].http://www.gansu.gov.cn/gsszf/c100002/c100010/202107/1643566.shtml.

[2] 央视新闻.甘肃白银越野赛事件联合调查组：赛事承办公司存在围标、串标违法行为 [EB/OL].(2021-06-11)[2021-08-20].https://news.cctv.com/2021/06/11/ARTIV1Ch2hk35w7CroFNvjta210611.shtml.

[3] 王冰.北京国际越野挑战赛商业运作探究 [D].北京：首都体育学院，2014.

[4] 崔岿，陈丹丹.浙江省马拉松越野赛的现状及发展对策研究 [J].体育科研，2015，36（5）：5-8.

[5] 胡俊杰.域外风景和个体镜像：英国越野跑的历史和现状 [J].体育科研，2016，37（6）：57-59.

[6] 潘朝文，程传银.秦岭国际越野跑挑战赛研究 [J].体育成人教育学刊，2019，35（1）：57—60.

[7] 晏鸿，杨明，李佳琪，王磊.我国越野跑赛事发展的回顾反思与展望 [J].南京体育学院学报（自然科学版），2021，20（7）：61—70.

[8] 于长久.领跑公司越野跑赛事业务发展策略研究 [D].哈尔滨：哈尔滨工业大学，2021.

[9] 中国马拉松官网.中国马拉松管理文件汇编 [EB/OL].(2021-04-08)[2022-09-10].https://www.athletics.org.cn/bulletin/marathon/2021/0408/378807.html.

[10] 吴琼.七星国际越野挑战赛将举行 [J].体育博览，1997（8）：25.

[11] 张雨.我国山地户外运动赛事组织理论与实践研究 [D].北京：北京体育大学，2011.

[12] 国务院.关于加快发展体育产业促进体育消费的若干意见 [EB/OL].(2014-10-20)[2021-05-10].http://www.gov.cn/zhengce/zhengceku/2014-10/20/content_9152.htm

[13] 国家体育总局 . 关于推进体育赛事审批制度改革的若干意见 [EB/OL]. (2014−12−24)[2021−09−10].http://www.sport.gov.cn/n315/n331/n403/ n1956/c782895/content.html .

[14] 国家体育总局办公厅 . 关于暂停相关体育活动的通知 [EB/OL].(2021− 06−02)[2021−10−11].https://www.sport.gov.cn/n315/n20001395/ c20997017/content.html.

[15] 国家体育总局 . 体育发展 "十三五" 规划 [EB/OL].(2016−05−05)[2021− 10−11].http://www.sport.gov.cn/n10503/c722960/content.html.

[16] 国务院办公厅 . 关于加快发展体育竞赛表演产业的指导意见 [EB/ OL].(2018−12−21)[2022−02−03].http://www.gov.cn/zhengce/ zhengceku/2018−12/21/content_5350734.htm.

[17] 国务院办公厅 . 关于印发体育强国建设纲要的通知 [EB/OL].[2019−09− 02].http://www.gov.cn/zhengce/zhengceku/2019−09/02/content_5426485. htm.

[18] 国务院办公厅 . 关于促进全民健身和体育消费推动体育产业高质量发展 的意见 [EB/OL].(2019−09−02)[2022−02−03].http://www.gov.cn/zhengce/ zhengceku/2019−09/17/content_5430555.htm.

[19] 甘肃省人民政府 . 贯彻落实国务院关于加快发展体育产业促进体育消费 若干意见的实施意见 [EB/OL].(2015−01−28)[2022−02−3].https://www. sport.gov.cn/gdnps/html/zhengce/content.jsp?id=25526285.

[20] 甘肃省发展改革委员会 . 支持社会力量举办马拉松、自行车等大型群众 性体育赛事指引（2017 年）[EB/OL].(2017−11−20)[2022−02−3].http:// fzgg.gansu.gov.cn/fzgg/c106093/202106/60525d7a822f4ae9bdc09e0db9065 bf1.shtml.

[21] 甘肃省人民政府办公厅 . 关于加快发展健身休闲产业的实施意见 [EB/ OL].(2018−07−31)[2022−02−03].https://www.sport.gov.cn/gdnps/html/ zhengce/content.jsp?id=25526315.

[22] 甘肃省人民政府办公厅.关于加快发展体育竞赛表演产业的实施意见[EB/OL].(2020-04-16)[2022-02-03].https://www.sport.org.cn/search/system/dfxfg/gsu/2020/0424/404761.html.

案例 2：我国群众性体育赛事风险评估、影响因素及路径分析

摘要：2021（第四届）黄河石林越野赛重大安全事故的发生表明，我国群众性体育赛事的风险管理问题亟须解决。借鉴系统安全管理理论中的"4M"要素，引入主成分分析法，对群众性体育赛事风险进行评估；通过回归分析讨论群众性体育赛事的风险因素，并进一步基于风险矩阵评估法建立结构方程模型对群众性体育赛事风险进行路径分析。

研究结果显示：（1）群众性体育赛事风险可以从运动员自身风险、组织管理风险、场馆设施风险和环境风险等 4 个方面进行评估；（2）运动员自身风险、组织管理风险、场馆设施风险和环境风险四者的风险越高，群众性体育赛事发生风险的概率也就越大；（3）群众性体育赛事事故发生的频率与运动员自身风险、组织管理风险、场馆设施风险显著相关；（4）组织管理风险对运动员自身风险的影响较大，提高组织管理水平可以有效降低由运动员自身风险造成的运动伤害事故。

关键词：群众性体育赛事；风险评估；主成分分析；结构方程模型

1. 引言

1.1　研究背景与意义

1.1.1　研究背景

国家体育总局在 2021 年 10 月 25 日发布的《"十四五"体育发展规划》[1]中指出，要通过未来 5 年的努力基本形成体育强国的四梁八柱。该规划对促进体育改革、发展，围绕体育强国建设，赋能"十四五"体育重点领域高质量发展具有重要意义。群众性体育赛事以丰富群众的业余体育文化生活为主题，对我国的体育事业和体育产业起着重要的支撑作用。群众性体育赛事以其参与人数众多、媒体关注度高、社会影响力大等特点，为举办城市带来十分可观的经济效益和社会效益。

自 2020 年起实施的《体育赛事活动管理办法》规定了保障各方合法权益的具体措施，并指出要注重对赛事活动的规范、监管和服务。群众性体育赛事作为大型聚众性公共活动伴随各种风险，2021 年 5 月 22 日在甘肃省白银市举办的 2021（第四届）黄河石林越野赛因局部天气突变发生重大公共安全事故，教训十分惨痛。[2]可见，为了保障群众性体育赛事的有序开展，促进我国体育事业的健康发展，应当高度重视群众性体育赛事风险管理研究。

现有文献表明，赛事风险评估是风险识别和风险应对之间的纽带，是决策的基础，同时该领域也是近年来国内相关学者研究的热点，对赛事风险分析有定性和定量的双重作用，赛事风险评估在风险控制过程中具有重要地位。

1.1.2　研究意义

（1）理论意义

进行群众性体育赛事风险评估方面的理论和实践研究，有利于丰富我国体育赛事风险管理的理论基础，扩大我国体育赛事相关领域的研究规模，同时也可以为举办城市赛事组织者预防赛事风险提供可靠的理论保障。

（2）现实意义

如今群众性体育赛事被各大城市追捧，争相举办普及率高、办赛门槛相对较低的马拉松、越野跑等路跑赛事，其原因除了经济效益的驱使外，更重要的是可以通过群众性体育赛事来宣传举办城市，树立健康的城市形象，带动群众参与健身，从而增强群众的体质。然而，从目前承办此类群众性体育赛事的城市来看，还有许多问题亟待解决，群众性体育赛事风险评估与风险控制势在必行。本文基于风险源思路，参考系统安全管理理论中的"4M"要素，引入主成分分析法；通过回归分析讨论群众性体育赛事的风险因素，并进一步基于风险矩阵评估法建立结构方程模型对群众性体育赛事风险进行路径分析，以此增强赛事主办方的组织管理能力，保障参赛运动员和参与人员的安全，从而为各地群众性体育赛事的成功举办提供指导意见。

1.2 群众性体育赛事风险评估的研究现状

风险管理的相关理论研究始于 20 世纪 50 年代，其研究成果在我国风险管理领域的应用较晚。

在我国风险管理研究的起步阶段，学者们普遍致力于对国外理论的积累。经过 5—10 年的理论积累工作后，学者们才开始进行风险管理及其应用的研究，但并未涉及包括体育赛事在内的风险管理研究。直到 2001 年 7 月 13 日，北京获得 2008 年奥运会主办权后，我国学者才开始对大型体育赛事的风险管理进行研究。在体育赛事风险管理研究发展的 20 多年中，学术界的研究重点逐渐从体育赛事风险和体育保险转向体育赛事风险评估指标、评估方法及评估体系的建立方面。如安俊英、黄海燕[3] 基于模糊层次分析法，对大型体育赛事风险评估进行研究，将风险因素重要度作为目标层，将风险概率、风险损失以及风险的不可控性作为准则层。其中，子准则层作为影响大型体育赛事的一级风险因子，主要包括安全保卫类、交通保障类、技术与通信保障类、气象保障类、医疗卫生类以及新闻媒体类风险等 6 个主要指标，并在每个指标之后细分出 18 个二级风险因子。霍德利[4] 认为在体育赛事风险管理过程中，占有决定性和基础性地位的一个环节就是风险评估指标体系的确定，并且通过探索性因子分析建立了由自然环境风险、赛事管理风险和社会环境风险所构成的三维结构指标体系。吴勇、张波[5]

根据专家调研，将气候条件、场地选址、赛事投资、管理质量、赛事安全、社会环境风险作为最终的体育赛事风险评估指标，然后利用模糊互补判断矩阵确定评估指标的权重，提出了一种多人参与评估的体育赛事风险评估模型。徐宝丰、薛亮[6]利用熵值分析法对大型体育赛事风险进行量化分析，研究得出体育赛事风险从大到小依次为政治风险、经济风险、运用风险、外在风险、人事风险、技术风险、设施风险。贾洪祥、索瑞[7]通过划分风险来源、参考历史经验、听取专家意见等3个步骤，结合体育赛事自身特点，构建体育赛事风险评估指标体系，其指标体系将风险度划分为包含4个子因素的外部风险和包含8个子因素的内部风险；考虑到体育赛事本身具有模糊性质，他们运用模糊数学的原理构建了赛事评估模糊物元模型，并且采用信息熵客观赋权与德尔菲法主观赋权相结合的方式确定指标权重，然后选取第13届全国运动会进行实例分析，对赛事内外部风险予以评估。蒲毕文、贾宏[8]采用因子分析方法，归纳出大型体育赛事的风险因子，从而基于结构方程模型进行多变量分析，构建了由4个潜在风险因子和20个变量因素组成的大型体育赛事风险评估指标体系，并通过对2017年金砖国家运动会的实证检验，提出相应的风险规避措施。龚江泳等[9]引入主成分—BP网络模型对大型体育赛事场馆运作风险进行评估计算，利用主成分分析法降低模型复杂度，增加指标的客观性和动态性，为有效规避潜在风险、成功运作大型体育赛事提供参考。

2.群众性体育赛事风险评估的理论概述

2.1 群众性体育赛事风险的概念与特征

2.1.1 群众性体育赛事风险的概念

风险的概念最早出现于19世纪初期，国外有关风险概念的研究成果较为丰富，体育赛事风险属于风险的一个子集，目前我国学术界尚未就风险概念的界定达成一致。

易俊生等[10]结合多位学者的观点，认为体育赛事风险指的是在体育赛事的全过程中，各相关因素对赛事利益相关者施加影响的不确定性。冯加付等[11]认为，群众性体育赛事是指"以普通群众为参与主体，以满足群众健身、休闲、娱乐、社交为目的，以体育项目竞赛为内容，具有系统的组织管理机构，在一定竞赛规则的约束下，通过竞争和对抗决出胜负或排名，以群众体验参与为主要形式所开展的社会活动"。

本文认为，群众性体育赛事风险是指在以普通群众为参与主体的竞技类体育赛事过程中，各相关因素对赛事利益相关者造成影响的不确定性。

2.1.2 群众性体育赛事风险的特征

（1）客观性

群众性体育赛事风险客观存在且不以人的意志为转移。不管赛事组织者是否意识到风险，只要有风险的诱因出现，风险就有可能发生。因此，我们在赛事组织运作管理过程中就要尽量避免和减少风险的发生，及时发现风险源，并想办法使之消除或转移。

（2）突发性

在群众性体育赛事的组织过程中，如果各种风险因素达到一定量的积累，一旦产生诱发性因素，风险事件则会不可避免地突然发生。

（3）可控性

虽然群众性体育赛事风险具有突发性，但这并不意味着人们对风险的不确定性浑然不知，即风险具有一定的可控性，并且这种可控性是建立在一定科学分析的基础上的。正是因为赛事风险的客观存在，人们可以参照历史经验和文献资料等对风险进行识别，然后对潜在的风险因素进行评估和预测。

（4）多变性

风险具有多变性的特点，在群众性体育赛事风险管理过程中，风险因素难以以稳定的形态出现，会受不同外因或内因的因素影响，随不同的环境、时间和地点的变化而变化，风险源因不同诱因呈现动态的变化特征。

（5）复杂性

群众性体育赛事中能引起风险事件的因素有很多，群众性体育赛事风险管理也超越了赛事本身，与政治、经济、文化、宗教等都有密切的关系，加之赛事本身所具有的高风险、高事故、高伤害等特性，群众性体育赛事风险的复杂性表现得更加明显。

2.1.3　群众性体育赛事风险评估理论概述

风险评估是一种以预测技术为主体的实用性科学，是以现代预测学为理论依据，以量化测评某一事件或事物带来的影响或损失的可能程度。

群众性体育赛事风险评估是指在风险识别的基础上，应用各种风险分析技术（包括定性、定量方法或两者相结合的方式）分析、预估和评价风险发生的概率、产生的后果、严重程度以及影响范围的大小等。

群众性体育赛事风险评估是确保赛事安全的重要前提和关键性步骤，同时也是一项长期的、动态的、周期性循环的工程。

通过群众性体育赛事风险评估，有助于赛事组织者客观、准确地认识赛事风险；有助于赛事组织者制定完备的应急计划，有效地选择风险应对措施，促进其决策水平的不断提高；有助于赛事组织者在成本估计、进度计划安排与安全管理等方面更现实、更可靠。

2.2　群众性体育赛事风险评估方法对比

2.2.1　列表排序法

列表排序法是项目风险管理中常用的风险量化技术，该技术用逐项评分的方法来量化风险的大小，即事先确定评估标准，然后由专家小组一起对预先识别出来的风险就其发生的可能性、严重性和可控性等指标一一打分，最后3个分值相乘，得出不同风险的风险量。

2.2.2　层次分析法

层次分析法是一种定性分析和定量分析相结合的评估方法，在经济学和管理学中得到了广泛应用。层次分析法的基本思想是把复杂的问题分解为若干层次，在最低层次通过两两对比得出各因素的权重，通过由低到高的层层分析计算，得出各方案对总目标的权数，为决策者提供决策依据。层次分析法的基本步骤是：（1）建立所研究问题的递阶层次结构；

（2）构建两两比较判断矩阵；（3）计算权向量并做一致性检验；（4）计算综合权向量。

层次分析法虽然是一个较好的风险评估方法，并在体育风险研究中有所采用，但是此方法也有其不足之处：（1）只能从原方案中优选，不能产生新的方案；（2）判断矩阵的计算过程非常耗时，特别是当被评估系统的结构比较复杂、评估指标较多时，判断矩阵的计算就更加困难，也容易产生错误，从而影响评估结果的正确性；（3）从构建模型到给出成对比较矩阵，人的主观因素比较大。

2.2.3 帕累托分析法

帕累托分析法是通过频数和累计百分比查找主要风险因素的方法，即采用记词法确定与主要风险因素有关的词，然后统计这些词出现的频数和百分比，最后根据这些统计结果进行分析。帕累托分析法将风险因素分为3类：A类是主要风险因素，其影响程度的累计百分比在0% ～ 80%，B类和C类构成了次要风险因素。

帕累托分析法的使用步骤是：（1）收集数据，通过问卷调查法和专家访谈法，基本确定构成的风险因素；（2）计算整理，对收集到的数据进行整理与统计分析，统计风险因素出现的频数和百分比；（3）绘制分析直方图。

帕累托分析法的目的是运用数理统计的方法对风险因素进行排序，从而确定主要风险因素和次要风险因素，有利于学者合理应用有限的资源。该方法属于描述性统计分析方法，与其他探索性分析方法相比较，得出的结论更具有针对性，有利于学者分析体育领域具有重要影响的风险因素。与列表排序法相比，帕累托分析法可以找出主要风险因素，帮助赛事组织者了解和分析风险应对的重点，同时也能顾及次要风险因素的影响。

2.2.4 风险矩阵

风险矩阵，即概率—影响矩阵，通过综合风险概率和风险影响这两个衡量尺度，构建一个矩阵。每个具体风险的风险评分是采用一个风险矩阵和风险衡量尺度来完成的，可以接受的风险极值通过在矩阵中可接受和不可接受风险区域来设定。风险矩阵可用于定性或定量的风险评估，若将概率粗略地以稀少和频繁分类，将后果以小、中和灾难性分类，可由风险矩阵表示定性分析的结果，定性分析中的分类标准至关重要。风险矩阵中的分类和分块区域由连续性变量替代后，即可进行完全的定量分析。

风险矩阵是学者根据经验分别对风险因素的风险影响进行评级和对风险因素发生的概率进行预测。本文在问卷设计的过程中参考了风险矩阵的思想，该方法尤其适用于创新性强、具有复杂性和综合性的风险评估，具有广泛的推广应用价值。

3. 调查方案的实施与确立

3.1 调查目的

在群众性体育赛事中，运动员自身风险是群众性体育赛事风险管理的重点。近年来，国内举办的群众性体育赛事由于缺乏理论支撑，且实践经验空洞，各种赛事安全事故频出。2021 年 5 月 22 日，在甘肃省白银市景泰县黄河石林景区举行的 2021（第四届）黄河石林越野赛遭遇极端天气，导致 21 人死亡，8 人受伤。此次重大安全事故再次为群众性体育赛事敲响了安全警钟。本次调查的目的在于：

（1）分析群众性体育赛事的风险因素；

（2）对群众性体育赛事风险进行评估；

（3）给赛事举办方及参赛运动员提出合理性建议。

3.2 调查对象及地点

此次调查以 2021（第四届）黄河石林越野赛重大安全事故为切入点，调查对象大部分为甘肃省有群众性体育赛事参赛经历的相关人员、群众性体育赛事组织者、观众以及相关学者，少部分为甘肃省省外相关人员。

3.3 调查内容设计

3.3.1 风险指标选取

群众性体育赛事在赛前申办阶段、赛中举办阶段、赛后收尾阶段的运作过程中，风险事件千差万别。如能从源头上对群众性体育赛事风险因素进行识别和评估，即可有效促进群众性体育赛事风险管理的实现。

群众性体育赛事风险评估指标的遴选应该遵循理论、实际并重的原则，以群众性体育赛事风险源为基础，以实际为导向，研究群众性体育赛事风险的基本特征和结构。采用理论方法遴选群众性体育赛事风险指标并进行优化，有利于确保风险指标从风险源出发，最终回归实践并指导实践。

本文在前人研究的基础上，基于风险源思路，以群众性体育赛事客观实际为基础，参考系统安全管理理论中的"4M"要素，筛选出有关风险评价的4个一级指标和20个二级指标，具体包括以下4个方面的内容。（1）运动员自身风险。包括运动员身体素质状况、参赛心态以及情绪控制能力、突发情况处理能力、运动量和运动强度的适应能力。（2）组织管理风险。包括赛事工作人员配备、安检及人流密度控制等安保风险、领导者决策能力、组织者风险防范意识、应急预案的完备性、交通拥挤或交通不便等问题。（3）场馆、设施风险。包括基础设施的完备性、临时设施的安全性、场地布置的合理性、医疗救助设施的完善度。（4）环境风险。包括恐怖行为、蓄意破坏风险、宗教和民族问题、示威游行活动、疫情影响、自然环境风险。

3.3.2　问卷设计

本次调查的问卷内容包括以下3个部分。（1）受访者主要信息。包括性别、年龄以及相关人员类别。（2）有关赛事风险指标影响程度的调查。（3）群众性体育赛事风险防范意见与建议（见图1-1）。

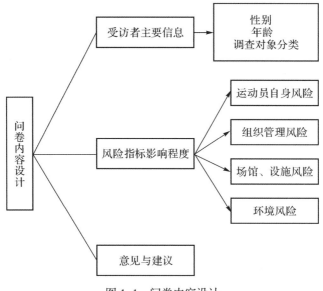

图 1-1　问卷内容设计

3.4　预调查

为了测试问卷量表题目的设计是否合理，在正式调查之前首先在甘肃省内进行了预调查。面向有群众性体育赛事参赛经历的相关人员、赛事组织者、观众以及相关学者共发放调查问卷 60 份，回收有效问卷 57 份。根据一级指标分类，问卷共分为 4 个维度，并对问卷量表题目进行信度和效度检验。

信度分析的作用是检验结果的一致性或稳定性，信度大小的衡量标准是信度系数，信度系数越大，越可信。Cronbach 信度分析是最为常见、使用最为广泛的一种测量方法，Cronbach 系数在 0.8 以上，信度良好；Cronbach 系数在 0.7~0.8，则信度为可接受的范围。

由表 1-1 可知，该问卷 4 个维度及问卷总体的 Cronbach 系数都在 0.8 以上，说明数据真实可靠。

表 1-1 信度分析结果

维度	项数	Cronbach系数
运动员自身风险	4	0.896
组织管理风险	6	0.922
场馆、设施风险	4	0.932
环境风险	6	0.901
问卷总体	20	0.956

效度分析的作用是检验受访者是否理解问卷设计者的意图,即问卷是否有效达到调查的目的。KMO值越接近于1,说明变量间相关性越大。当KMO检验系数> 0.5,Bartlett球形度检验显著性 p 值 <0.05 时,问卷才具有结构效度。

由表 1-2 的分析结果可知,KMO值为 0.844,Bartlett球形度检验显著性 p 值< 0.05,适合进行因子分析。

表 1-2 效度分析结果

项目	数值
KMO取样适切性量数	0.844
Bartlett球形度检验	0.000

3.5 问卷质量监控

预调查完成后对问卷内容进行修改完善,在问卷开头表明数据用途,减少受访者对调查项目的怀疑性,尽量保证受访者填写的信息真实可靠;在问卷中标明问题概述中的关键词,并查阅官方资料对选项内容进行确认,根据预调查结果对选项进行增添或剔除,确保题目及选项的必要性。此外,设置陷阱问题,有效确保受访者认真作答。

在调查实施阶段,为保证问卷填写的质量,在疫情防控不聚集、不远行的要求下,采用线上电子问卷与线下调查相结合的方式发放问卷。对调查数据进行处理时,剔除陷阱题回答错误的问卷,多次随机检查,避免出现数据录入错误、计算错误等问题。

本次调查共发放问卷 1245 份，剔除无效问卷后，有效问卷数量为 1163 份，有效问卷回收率为 93.41%。对问卷数据进行信度分析与效度分析，结果如表 1–3、表 1–4 所示。

表 1–3　信度分析结果

维度	项数	Cronbach系数
运动员自身风险	4	0.903
组织管理风险	6	0.948
场馆、设施风险	4	0.950
环境风险	6	0.928
问卷总体	20	0.967

表 1–4　效度分析结果

项目	数值
KMO取样适切性量数	0.962
Bartlett球形度检验	0.000

由上表分析结果可知，信度分析中各维度及问卷总体的 Cronbach 系数都在 0.9 以上，效度分析中 KMO 取样适切性量数为 0.962，问卷的信度效度都很高，适合进行下一步分析。

4. 群众性体育赛事风险评估的调查分析

4.1　受访者概况

4.1.1　样本人群类别构成

本次调查共回收有效问卷 1163 份，其中，参与过群众性体育赛事的参赛者 400 人，占样本总量的 34%；观众 693 人，占样本总量的 60%；组织者 29 人，占样本总量的 2%；相关学者 41 人，占样本总量的 4%（见图 1–2）。

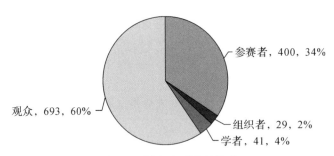

图 1-2 样本人群类别构成

4.1.2 样本性别构成

在本次调查回收的 1163 份有效问卷中，男性 522 人，占样本总量的 45%；女性 641 人，占样本总量的 55%（见图 1-3 ）。

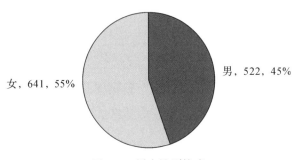

图 1-3 样本性别构成

4.1.3 样本年龄构成

本次调查的受访者年龄分布如图 1-4 所示。18~25 岁的受访者最多，占样本总量的 69%；其次是 41~60 岁的受访者，占样本总量的 19%；18 岁以下、26~30 岁和 60 岁以上的受访者较少，分别占样本总量的 1%、3%、2%。

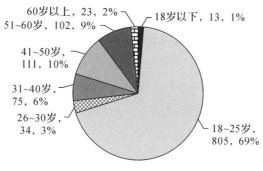

图 1-4　样本年龄构成

4.1.4　体育运动伤害事故发生情况

如图 1-5 所示，关于受访者（除相关学者）在参与、举办、观看群众性体育赛事中发生体育运动伤害事故的情况，518 名受访者表示发生过体育运动伤害事故，占样本总量的 46.17%，另外 604 名受访者表示没有发生过体育运动伤害事故，占样本总量的 53.83%。其中，组织者和观众中表示发生过和没有发生过体育运动伤害事故的人数各占一半，而运动员则更多表示没有发生过体育运动伤害事故，表示发生过体育运动伤害事故的仅有 158 人，占运动员样本总量的 39.50%。

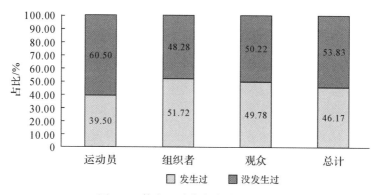

图 1-5　体育运动伤害事故发生情况

4.1.5 体育运动伤害事故发生频率

由图 1-6 可知，在所有受访者中，认为体育运动伤害事故可能会发生几次的人数最多，有 414 人，占样本总量的 35.60%；认为体育运动伤害事故较少发生和几乎不会发生的人数分别为 366 人和 191 人，分别占样本总量的 31.47% 和 16.42%；认为体育运动伤害事故可能发生若干次和经常发生的人数较少，分别为 120 人和 72 人，分别占样本总量的 10.32% 和 6.19%。体育运动伤害事故发生频率总体呈钟形分布。

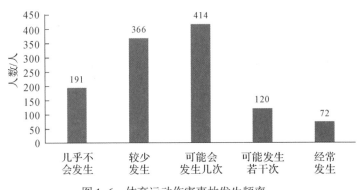

图 1-6 体育运动伤害事故发生频率

4.2 运动员自身风险情况

4.2.1 运动员自身风险导致的体育运动伤害事故发生频率

由图 1-7 可知，认为由运动员自身风险导致的体育运动伤害事故可能会发生几次的人数最多，有 430 人，占样本总量的 36.97%；认为较少发生和几乎不会发生的人数分别为 319 人和 238 人，分别占样本总量的 27.43% 和 20.29%；认为可能发生若干次和经常发生的人数最少，分别为 138 人和 38 人，共占样本总量的 15.13%。

对比图 1-6 和图 1-7 可知，由运动员自身风险导致的体育运动伤害事故发生频率与所有体育运动伤害事故发生频率相比较低。

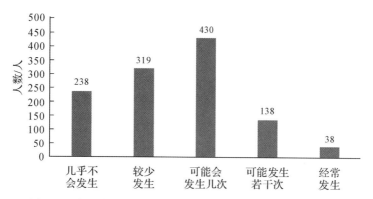

图1-7　由运动员自身风险导致的体育运动伤害事故发生频率

4.2.2　由运动员自身风险导致的体育运动伤害事故的严重程度

关于由运动员自身风险导致的体育运动伤害事故的严重程度，认为一般严重的人数较多，有421人，占样本总量的36.20%；认为轻微严重和不严重的人数分别为231人和219人，分别占样本总量的25.05%和19.86%；认为严重和非常严重的人数最少，分别为169人和51人，共占样本总量的18.92%（见图1-8）。

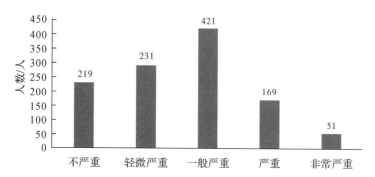

图1-8　由运动员自身风险导致的体育运动伤害事故的严重程度

4.2.3　运动员自身风险对体育运动伤害事故的影响

由图1-9可知，认为运动员对运动量及运动强度的适应能力对体育运动伤害事故的影响最小的人数较少，而认为参赛心态及情绪控制能力、身体素质状况（疾病、伤残等）、突发情况处理能力对体育运动伤害事故存在中等影响和较大影响的人数较多。

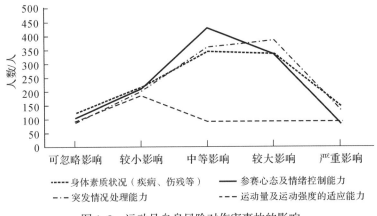

图 1-9 运动员自身风险对伤害事故的影响

4.3 组织管理风险情况

4.3.1 由组织管理风险导致的体育运动伤害事故发生频率

由图 1-10 可知，认为由组织管理风险导致的体育运动伤害事故可能会发生几次的人数最多，有 394 人，占样本总量的 33.88%；认为较少发生和几乎不会发生的人数分别为 316 人和 239 人，分别占样本总量的 27.17% 和 20.55%；认为可能发生若干次和经常发生的人数最少，分别为 171 人和 43 人，共占样本总量的 18%。

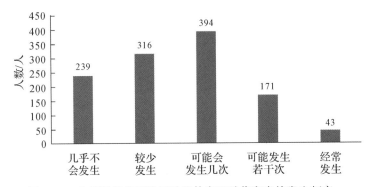

图 1-10 由组织管理风险导致的体育运动伤害事故发生频率

对比图 1-6 和图 1-10 可知，认为由组织管理风险导致的体育运动伤害事故可能会发生几次和较少发生的人数比所有体育运动伤害事故少，但认为由组织管理风险导致的体育运动伤害事故几乎不会发生和可能发生若干次的人数比所有体育运动伤害事故多。

对比图 1-7 和图 1-10 可知，认为由组织管理风险导致的体育运动伤害事故可能会发生几次的人数比运动员自身风险导致的少，但认为由组织管理风险导致的体育运动伤害事故可能会发生若干次的人数比运动员自身风险导致的多。总体来看，组织管理风险发生频率略高于运动员自身风险。

4.3.2　由组织管理风险导致的体育运动伤害事故的严重程度

由图 1-11 可知，关于由组织管理风险导致的体育运动伤害事故的严重程度，认为一般严重的人数较多，有 383 人，占样本总量的 32.93%；认为轻微严重和不严重的人数分别为 273 人和 224 人，分别占样本总量的23.43% 和 19.26%；认为严重和非常严重的人数最少，分别为 190 人和 93 人，分别占样本总量的 16.34% 和 8.00%。

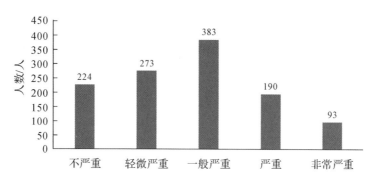

图 1-11　由组织管理风险导致的体育运动伤害事故的严重程度

对比图 1-8 和图 1-11 可知，认为由组织管理风险导致的体育运动伤害事故一般严重及以下的人数比运动员自身风险导致的少，认为由组织管理风险导致的体育运动伤害事故严重及非常严重的人数比运动员自身风险导致的多。总体来看，由组织管理风险导致的体育运动伤害事故比由运动员自身风险所导致的要严重。

4.3.3 组织管理风险对体育运动伤害事故的影响

由图 1–12 可知，多数人对 6 种组织管理风险因素对体育运动伤害事故影响的认识集中于中等影响和较大影响上，其中应急预案的完备性、领导者决策能力、安检和人流密度控制等安保风险对体育运动伤害事故存在中等影响，组织者风险防范意识、交通拥挤和交通不便等问题、赛事工作人员配备对体育运动伤害事故存在较大影响。

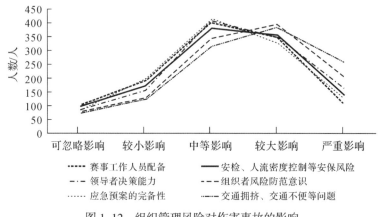

图 1–12　组织管理风险对伤害事故的影响

4.4　场馆、设施风险情况

4.4.1 由场馆、设施风险导致的体育运动伤害事故发生频率

由图 1–13 可知，认为由场馆、设施风险因素导致的体育运动伤害事故可能会发生几次的人数最多，有 413 人，占样本总量的 35.51%；认为较少发生和几乎不会发生的人数分别为 313 人和 239 人，分别占样本总量的 26.91% 和 20.55%；认为可能发生若干次和经常发生的人数最少，分别为 153 人和 45 人，共占样本总量的 17.03%。

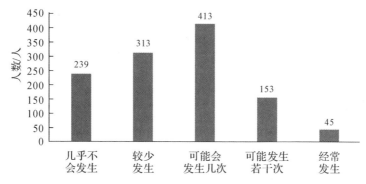

图 1-13　由场馆、设施风险导致的体育运动伤害事故发生频率

对比图 1-6 和图 1-13 可知，认为由场馆、设施风险导致的体育运动伤害事故可能会发生几次的人数与所有体育运动伤害事故相近，但认为由组织管理风险导致的体育运动伤害事故几乎不会发生和可能发生若干次的人数比所有体育运动伤害事故多，认为由组织管理风险导致的体育运动伤害事故较少发生和经常发生的人数比所有体育运动伤害事故少。总体来看，由场馆、设施风险导致的体育运动伤害事故发生频率低于所有体育运动伤害事故发生频率。

对比图 1-7 和图 1-13 可知，认为由场馆、设施风险导致的体育运动伤害事故可能会发生几次及以上的人数比运动员自身风险少，说明场馆、设施风险发生频率略高于运动员自身风险。

对比图 1-10 和图 1-13 可知，认为由场馆、设施风险导致的体育运动伤害事故可能会发生几次的人数比组织管理风险多，说明场馆、设施风险发生频率略高于组织管理风险。

4.4.2　由场馆、设施风险导致的体育运动伤害事故的严重程度

关于由场馆、设施风险导致的体育运动伤害事故的严重程度，认为一般严重的人较多，有 393 人，占样本总量的 33.79%；认为轻微严重和不严重的人数分别为 279 人和 214 人，分别占样本总量的 23.99% 和 18.40%；认为严重和非常严重的人数最少，分别为 199 人和 78 人，分别占样本总量的 17.11% 和 6.70%（见图 1-14）。

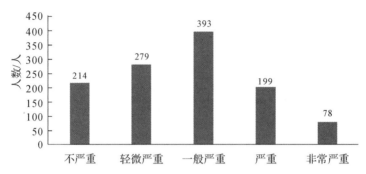

图 1-14 由场馆、设施风险导致的体育运动伤害事故的严重程度

4.4.3 场馆、设施风险对体育运动伤害事故的影响

由图 1-15 可知，受访者对于 4 种场馆、设施风险因素对体育运动伤害事故影响的认识一致，认为场馆、设施风险对体育运动伤害事故存在中等影响和较大影响。

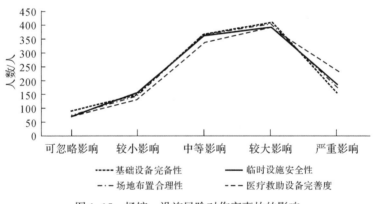

图 1-15 场馆、设施风险对伤害事故的影响

4.5 环境风险情况

4.5.1 由环境风险导致的体育运动伤害事故发生频率

由图 1-16 可知，认为由环境风险导致的体育运动伤害事故可能会发生几次的人数最多，有 409 人，占样本总量的 35.17%；认为较少发生和几乎不会发生的人数分别为 308 人和 257 人，分别占样本总量的 26.48% 和

20.38%；认为可能发生若干次和经常发生的人数最少，分别为163人和46人，共占样本总量的18.02%。

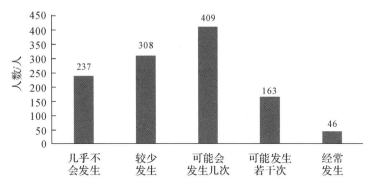

图1-16　由环境风险导致的体育运动伤害事故发生频率

4.5.2　由环境风险导致的体育运动伤害事故严重程度

关于由环境风险导致的体育运动伤害事故的严重程度，认为一般严重的人数较多，有429人，占样本总量的36.89%；认为轻微严重和不严重的人数分别为254人和205人，分别占样本总量的21.84%和17.63%；认为严重和非常严重的人最少，分别占样本总量的15.82%和7.82%（见图1-17）。

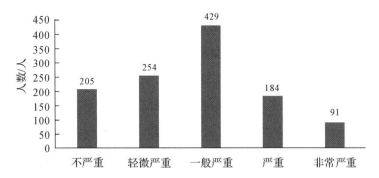

图1-17　由环境风险导致的体育运动伤害事故的严重程度

4.5.3 环境风险对体育运动伤害事故的影响

由图 1-18 可知，受访者对于环境风险因素对体育运动伤害事故影响的认识较为一致，认为环境风险对体育运动伤害事故存在中等影响和较大影响。

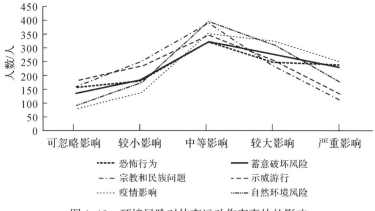

图 1-18　环境风险对体育运动伤害事故的影响

4.6　防范体育赛事风险的建议

根据问卷题项 Q16（见附件 3）有关防范群众性体育赛事风险的意见与建议，首先使用 ROSTCM 软件对数据进行分词操作，其次使用 ROSTCM 对分词后的 TXT 文档进行汉语词频统计，得到词频统计，最后将词频统计绘制成词云图（见图 1-19）以及语义网络图（见图 1-20）。

图 1-19　词云

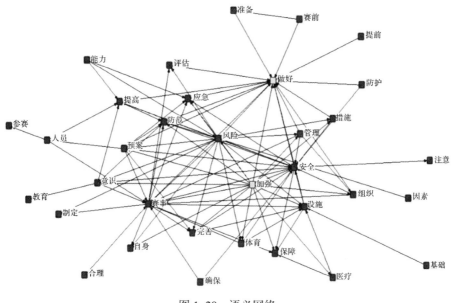

图 1-20　语义网络

4.6.1　建议词频率与词云图分析

由上图 1-19 可知，在关于防范群众性体育赛事风险问题的意见与建议中，"安全""防范""赛事"等词语出现频率较高。可见，受访者非常重视群众性体育赛事中的安全事故问题。也有不少受访者认为赛事组织者应做好应急预案，加强赛事管理，完善赛事设施。此外，从问卷结果来看，医疗设备的完善、安全知识的普及也极为重要。

4.6.2　逻辑分析

运用 ROSTNAT 软件对收集到的文本数据进行语义网络的构建，得到如上图 1-20 所示的语义网络。从图中可以看出词与词之间的结构关系，"做好""加强"这两个动词与其他词语出现了较多的连接关系，例如"做好应急预案""做好评估""加强保障"等；与"风险"相关的词语也较多，例如"赛事风险""防范风险"等。通过分析高频词之间的共性关系，可以看出受访者对于群众性体育赛事风险问题的关注之处。

5. 基于主成分分析的群众性体育赛事风险评估的方法

5.1 群众性体育赛事风险指标的选择

本文依据问卷设计的思路，设定运动员风险，组织管理风险，场馆、设施风险，环境风险为一级指标，将身体素质状况（疾病、伤残等）、参赛心态及情绪控制能力、突发情况处理能力、运动量及运动强度的适应能力、赛事工作人员配备、领导者决策能力、组织者风险防范意识、应急预案的完备性、基础设施完备性、临时设施安全性、场地布置合理性、医疗救助设备完善度、恐怖行为、宗教和民族问题、示威游行、疫情影响作为二级指标，具体指标及题项如表 1-5 所示。

表 1-5　群众性体育赛事风险指标选择

一级指标	二级指标
运动员风险	身体素质状况（疾病、伤残等）
	参赛心态及情绪控制能力
	突发情况处理能力
	运动量及运动强度的适应能力
组织管理风险	赛事工作人员配备
	安检、人流密度控制等安保风险
	领导者决策能力
	组织者风险防范意识
场馆、设施风险	应急预案的完备性
	交通拥挤、交通不便等问题
	基础设施完备性
	临时设施安全性
	场地布置合理性
	医疗救助设备完善度
环境风险	恐怖行为
	蓄意破坏风险

一级指标	二级指标
环境风险	宗教和民族问题
	示威游行
	疫情影响
	自然环境风险

5.2　主成分分析

5.2.1　主成分分析法

主成分分析法是通过降维的方法把多个具有一定相关性的指标线性组合成几个能反映主要特征的新的线性无关的变量，用这些新的综合指标来代替原来的指标，在最大限度保留原有信息的基础上对多个线性无关的变量系统进行最佳的综合和简化，并确定各个综合指标的权重。[12]

假设有 p 个指标，表示为 X_1, X_2, ..., X_p，其中 $X_i=(x_{1i}, x_{2i}, ..., x_{ni})$，$x_{ni}$ 表示第 n 个样本在第 i 个（$i=1, 2, ..., p$）指标上的观测值；系数向量（$a_{1i}, a_{1i}, ..., a_{1i}$）是 X 的协方差矩阵的第 i 大特征值所对应的特征向量。在此基础上，将它们通过坐标变换进行线性组合，变成一个或几个不相关的主成分。这些主成分就可以表示为：

$$\begin{cases} y_1 = a_{11}X_1 + a_{12}X_2 + ... + a_{1p}X_p \\ y_2 = a_{21}X_1 + a_{22}X_2 + ... + a_{2p}X_p \\ \qquad\qquad\vdots \\ y_p = a_{p1}X_1 + a_{p2}X_2 + ... + a_{pp}X_p \end{cases}$$

满足：

（1）$a_{i1}^2 + a_{i2}^2 + ... + a_{ip}^2 = 1$

（2）y_i 与 y_j（$i \neq j$；$i, j=1, 2, ..., p$）不相关

（3）$Var(y_i) > Var(y_{i+1})$，$\forall i=1, 2, ..., p-1$

也可以表示成 $Y=AX$，其中 A 是 p 个随机变量的相关系数矩阵的特征向量所构成的矩阵。第 i 个主成分 y_i 是 X_1, X_2, ..., X_p 的一切线性组合中方差

第 i 大的，其对应的系数向量恰好是第 i 个最大特征值对应的特征向量。

在进行主成分分析之前，我们首先要将数据标准化。本书采用的是 Z-score 数据标准化的方法，即对原 p 个具有相关性的随机变量 X_1，X_2，X_3，...，X_p 进行数据标准化，把原始数据 $X = \begin{bmatrix} x_{11}, x_{12}, \ldots, x_{1p} \\ x_{21}, x_{22}, \ldots, x_{2p} \\ \vdots \\ x_{n1}, x_{n2}, \ldots, x_{np} \end{bmatrix}$ 标准化为

$U = \begin{bmatrix} u_{11}, u_{12}, \ldots, u_{1p} \\ u_{21}, u_{22}, \ldots, u_{2p} \\ \vdots \\ u_{n1}, u_{n2}, \ldots, u_{np} \end{bmatrix}$，标准化后的指标数据平均值为 0，标准差为 1，其中

$u_{ij} = (x_{ij} - \overline{x}_j) / \sqrt{\dfrac{1}{n}(x_{ij} - \overline{x}_j)^2}$，$i=1$，2，...$n$；$\overline{x}_j = \dfrac{1}{n}\sum\limits_{i=1}^{n} x_{ij}$，$j=1$，2，...，$p$。
得到标准化后指标数据的相关矩阵：

$$R = \begin{bmatrix} r_{11}, r_{12}, \ldots, r_{1p} \\ r_{21}, r_{22}, \ldots, r_{2p} \\ \vdots \\ r_{p1}, r_{p2}, \ldots, r_{p3} \end{bmatrix}$$

其中，$r_{jk} = \sum\limits_{i=1}^{n} (a_{ij} - \overline{a}_j)(a_{ik} - \overline{a}_k) / \sqrt{\sum\limits_{i=1}^{n} (a_{ij} - \overline{a}_j)^2 \sum\limits_{j=1}^{n} (a_{ik} - \overline{a}_k)^2}$，$i=1$，2，...$n$，$j$，$k=1$，2，...，$p$，$\overline{a}_j = \dfrac{1}{n}\sum\limits_{i=1}^{n} a_{ij}$。

求解相关矩阵的特征值、特征向量，过程如下：

由 $\left| R - \lambda_j E \right| = 0$，$j$，$k=1$，2，...，$p$ 得到特征值 λ_j，$j=1$，2，...，p，E 为单位矩阵；根据 $(R - \lambda_j E) a_k = 0$，$j$，$k=1$，2，...，$p$。获得特征向量 a_k，$k=1$，2，...，p。

得到主成分：将上述解得的特征值按大小排列，根据贡献率及碎石图确定主成分数目 k，由于特征值排列顺序与特征向量对应，再根据主成分数目 k 的值，确定所选择的特征向量，将原 p 个标准化后的指标变量数据和特征向量相乘就可以得到 k 个综合的主成分指标数据，即

$$y = \begin{bmatrix} u_{11}, u_{12}, \ldots, u_{1p} \\ u_{21}, u_{22}, \ldots, u_{2p} \\ \vdots \\ u_{n1}, u_{n2}, \ldots, u_{np} \end{bmatrix} * [a_1, a_2, \ldots, a_k]$$

最后得到综合评分：经过上述 4 个步骤后，由上式可以求得 k 个主成分 y 的表达式，以每个主成分的方差贡献率 β_i，$i=1$，2，...，k 为权重系数，则可获得综合评价模型：$Y = \sum\limits_{i=1}^{k} \beta_i y_i$，其中 $\beta_i = \lambda_i / \sum\limits_{j=1}^{k} \lambda_j$，$i$，$j=1$，2，...，$k$。

5.2.2　主成分分析结果

本书通过 SPSS 22.0 软件，采用 Z-score 数据标准化的方法对 16 个自变量的所有数据进行标准化处理后进行 KMO 和 Bartlett 球形度检验，检验数据分布和各变量间的独立情况，判断数据是否可以用来做主成分分析。KMO 和 Bartlett 球形度检验结果如表 1-6 所示。

表 1-6　KMO 和 Bartlett 球形度检验

KMO取样试切性量取		0.962
Bartlett球形度检验	近似卡方	23230.395
	自由度	190
	显著性	0.000

从以上检验结果中可以看出，KMO 值为 0.962，大于 0.5，Bartlett 球形度检验显著性 p 值为 0.000，在 0.01 的显著性水平下拒绝变量之间不存在相关性的原假设，两者都表明数据具备主成分分析的前提条件，而后输出解释变量的总方差（见表 1-7）。

表 1-7　解释变量的总方差

成分	初始特征值			提取平方和载入		
	合计	方差百分比	累积百分比	合计	方差百分比	累积百分比
1	15.841	61.598	61.598	15.841	61.598	61.598
2	2.242	8.717	70.315	2.242	8.717	70.315
3	1.588	6.175	76.490	1.588	6.175	76.490

续表

成分	初始特征值			提取平方和载入		
	合计	方差百分比	累积百分比	合计	方差百分比	累积百分比
4	0.942	3.663	80.153	0.942	3.663	80.153
5	0.703	2.732	82.885	–	–	–
6	0.522	2.029	84.914	–	–	–
7	0.475	1.846	86.760	–	–	–
8	0.429	1.670	88.430	–	–	–
9	0.390	1.516	89.946	–	–	–
10	0.363	1.413	91.359	–	–	–
11	0.339	1.319	92.679	–	–	–
12	0.280	1.091	93.770	–	–	–
13	0.266	1.034	94.803	–	–	–
14	0.246	0.957	95.760	–	–	–
15	0.230	0.896	96.656	–	–	–
16	0.209	0.811	97.467	–	–	–
17	0.178	0.691	98.157	–	–	–
18	0.172	0.667	98.825	–	–	–
19	0.157	0.612	99.436	–	–	–
20	0.145	0.564	100.000	–	–	–

从表 1-7 中可以看出，一般选取特征值大于 1 的成分，但此处由于第 4 个主成分特征值为 0.942，且前 4 个成分方差累计贡献率为 80.596%，高于 80%，方差贡献率较高，可以认为提取的前 4 个主成分可以反映原来 20 个变量的大部分信息。综合分析，我们选择用 4 个主成分来反映群众性体育赛事风险，表 1-8 为前 4 个主成分的成分矩阵。

表 1-8　成分矩阵

	主成分			
	1	2	3	4
身体素质状况（疾病、伤残等）	0.213	0.281	0.779	0.202
参赛心态及情绪控制能力	0.228	0.245	0.803	0.172
突发情况处理能力	0.374	0.192	0.740	0.233
运动量及运动强度的适应能力	0.297	0.191	0.789	0.201
赛事工作人员配备	0.723	0.228	0.340	0.262
安检、人流密度控制等安保风险	0.724	0.305	0.327	0.290
领导者决策能力	0.811	0.231	0.244	0.253
组织者风险防范意识	0.808	0.202	0.260	0.316
应急预案的完备性	0.684	0.322	0.230	0.254
交通拥挤、交通不便等问题	0.750	0.202	0.268	0.394
基础设施完备性	0.374	0.319	0.264	0.745
临时设施安全性	0.372	0.321	0.252	0.746
场地布置合理性	0.407	0.284	0.255	0.762
医疗救助设备完善度	0.415	0.290	0.252	0.727
恐怖行为	0.223	0.830	0.210	0.252
蓄意破坏风险	0.251	0.815	0.216	0.264
宗教和民族问题	0.231	0.808	0.240	0.184
示威游行	0.195	0.858	0.212	0.168
疫情影响	0.457	0.505	0.175	0.326
自然环境风险	0.485	0.493	0.258	0.355

　　表 1-8 中的结果显示，第一主成分主要包括赛事工作人员配备，安检、人流密度控制等安保风险，领导者决策能力，组织者风险防范意识，应急预案的完备性和交通拥挤、交通不便等 6 个指标；第二主成分主要包括恐怖行为、蓄意破坏风险、宗教和民族问题、示威游行、疫情影响和自然环境风险等 6 个指标；第三主成分包括身体素质状况（疾病、伤残等）、参赛心态及情绪控制能力、突发情况处理能力和运动量及运动强度的适应能力

等 4 个指标；第四主成分包括基础设施完备性、临时设施安全性、场地布置合理性和医疗救助设备完善度等 4 个指标。该分类与上文的定性分析相同，即可概括为运动员风险，组织管理风险，场馆、设施风险和环境风险 4 个方面，说明从上述 4 个方面对群众性体育赛事进行风险评估是合理有效的。

6. 基于回归分析的群众性体育赛事风险研究

6.1 风险矩阵法

风险矩阵法的基本原理是通过定性分析与定量分析，测定风险事项的影响程度以及风险事项的发生概率来排序和识别风险重要性的一种结构性方法。风险矩阵法综合考量各个风险事项产生影响的严重性与发生的可能性，按照所规定的标准划分各风险事项的影响和风险概率的等级，建立风险矩阵模型来评价风险的严重程度，从而有针对性地为决策者提供风险评估的依据。本文将风险矩阵法引入群众性体育赛事风险评估中，主要目的是识别群众性体育赛事潜在风险因素，以制定有效的应对措施。

建立风险矩阵评估模型的关键是准确定义风险影响等级以及风险发生概率，通常情况下，按照风险事项的严重程度将风险影响等级划分为不严重、轻微严重、一般严重、严重和非常严重 5 个级别，为每个等级赋予一定的分值，范围为 1 ~ 5 分，分别对应 5 个风险影响级别。按照风险事项发生的可能性将风险事项发生的频率分为几乎不会发生、较少发生、可能会发生几次、可能发生若干次以及经常发生 5 个级别，为每个等级赋予一定的分值，范围为 1 ~ 5 分，分别对应 5 个风险事项发生频率的级别。然后计算群众性体育赛事各项风险等级，即 R（风险等级）=C（影响等级）×P（风险概率），并根据风险等级对群众性体育赛事的影响划分风险的重要性，建立群众性体育赛事风险矩阵，确定风险范围。

6.2 总体风险的回归分析

在群众性体育赛事风险调查问卷中，有"是否发生过体育伤害事故"和"体育伤害事故发生的频率"两方面，基于问卷结果，本文通过二值选择模型和多元线性回归模型对整体风险进行回归。

6.2.1 总体的 logistic 回归

为了讨论上文验证的 4 个方面的风险与群众性体育赛事是否发生事故的联系，通过 Stata 16.0 软件对问卷结果建立 logistic 回归模型。该模型可以验证自变量对因变量发生概率的影响，其中，运动员自身风险（X_1），组织管理风险（X_2），场馆、设施风险（X_3）和环境风险（X_4）通过风险矩阵法综合概率和严重性，即频率和严重性的交乘项表示，回归结果见表 1-9。

表 1-9 logistic 回归结果

	系数	稳健标准误	Z值	p值	95%的置信区间
X_1	0.812**	0.365	2.22	0.026	0.096，1.528
X_2	0.427**	0.212	2.01	0.045	0.010，0.843
X_3	0.325*	0.178	1.83	0.068	−0.023，0.673
X_4	0.378**	0.182	2.08	0.038	0.021，0.735
Cons	2.460*	1.379	1.78	0.074	−0.243，0.516

注：*、** 分别表示在 0.1 和 0.05 水平上显著，Cons 为回归模型中的常数项。

上述结果表明，运动员自身风险，组织管理风险，场馆、设施风险和环境风险四者的风险越高，群众性体育赛事发生事故的概率也就越大。

6.2.2 总体的多元线性回归

为了进一步讨论体育赛事事故发生频率与 4 个方面风险的联系，本书从整体风险、频率和严重性 3 个视角出发对该问题进行分析，通过 Stata 16.0 软件对问卷结果建立多元线性回归模型，回归结果见表 1-10。

表 1-10 多元线性回归结果

	X_1	X_2	X_3	X_4	Cons	n	R2
（1）	0.597***	0.142***	0.0698*	0.0483	0.430***	1163	0.589
−	（0.0362）	（0.0372）	（0.0407）	（0.0363）	（0.0546）	−	−

注：*、*** 分别表示在 0.1 和 0.01 水平上显著，Cons 为回归模型中的常数项。

结果发现，群众性体育赛事事故发生的频率与运动员自身风险，组织管理风险，场馆、设施风险显著相关，且运动员自身风险是体育赛事事故发生的主要诱因，环境风险不显著的原因可能是大部分群众性体育赛事对自然环境的变化不敏感，事故的发生更多是由于运动员受伤所致。

6.3 分类别的回归分析

上文通过二值选择模型证明了运动员自身风险，组织管理风险，场馆、设施风险和环境风险与体育赛事风险的相关性，我们进一步通过最小二乘回归分析 4 个方面风险的具体影响因素。本文通过 Stata 16.0 软件建立回归方程模型进行分析，采用稳健标准误来解决可能存在的自相关与异方差问题，通过方差膨胀因子（VIF）来防止模型中可能存在的多重共线性问题。

6.3.1 运动员自身风险

运动员自身风险主要包括身体素质状况（疾病、伤残等）（A_1）、参赛心态及情绪控制能力（A_2）、突发情况处理能力（A_3）和运动量及运动强度的适应能力（A_4）4 个指标，讨论运动员自身风险发生的频率、严重性、整体风险（频率和严重性的交乘项）与 4 个指标的关系，回归结果见表 1–11。

表 1–11　运动员自身风险回归结果

变量	（1）整体风险	（2）风险频率	（3）风险严重性
A_1	0.409**	0.0588	0.0966**
	（0.182）	（0.0376）	（0.0404）
A_2	0.629***	0.163***	0.116**
	（0.215）	（0.0442）	（0.0459）
A_3	0.619***	0.0493	0.221***
	（0.221）	（0.0453）	（0.0458）
A_4	0.787***	0.188***	0.119***
	（0.209）	（0.0422）	（0.0446）
Cons	−0.491	1.052***	0.825***
	（0.414）	（0.0905）	（0.0866）

续表

变量	（1）	（2）	（3）
	整体风险	风险频率	风险严重性
n	1163	1163	1163
R2	0.209	0.180	0.243

注：括号内为标准误，*、** 和 *** 分别表示在 0.1、0.05 和 0.01 水平上显著，Cons为回归模型中的常数项，下同。

由表 12 可知，运动员自身整体风险和风险严重性同时与身体素质状况（疾病、伤残等）（A_1）、参赛心态及情绪控制能力（A_2）、突发情况处理能力（A_3）和运动量及运动强度的适应能力（A_4）有关。其中，整体风险按影响大小的排序为运动量及运动强度的适应能力（0.787）、参赛心态及情绪控制能力（0.629）、突发情况处理能力（0.619）和身体素质状况（疾病、伤残等）（0.409）；运动员自身风险发生的频率主要与参赛心态及情绪控制能力和运动量及运动强度的适应能力有关。

6.3.2　组织管理风险

组织管理风险主要包括赛事工作人员配备（A_5），安检、人流密度控制等安保风险（A_6），领导者决策能力（A_7），组织者风险防范意识（A_8），应急预案的完备性（A_9）和交通拥挤、交通不便等问题（A_{10}）6 个指标，讨论组织管理风险发生的频率、严重性、整体风险（频率和严重性的交乘项）与 6 个指标的关系，回归结果见表 1–12。

表 1–12　组织管理风险回归结果

变量	（1）	（2）	（3）
	整体风险	风险频率	风险严重性
A_5	1.244***	0.240***	0.246***
	（0.262）	（0.0500）	（0.0561）
A_6	0.930***	0.204***	0.130**
	（0.270）	（0.0547）	（0.0625）

续表

变量	（1） 整体风险	（2） 风险频率	（3） 风险严重性
A_7	0.0573	−0.0248	0.0371
	（0.285）	（0.0539）	（0.0588）
A_8	0.654**	0.115**	0.163***
	（0.268）	（0.0557）	（0.0612）
A_9	0.173	0.0149	0.0128
	（0.222）	（0.0430）	（0.0474）
A_{10}	−0.0885	−0.0296	0.0420
	（0.245）	（0.0495）	（0.0520）
Cons	−1.782***	0.865***	0.639***
	（0.403）	（0.0801）	（0.0849）
n	1163	1163	1163
R2	0.275	0.248	0.291

由表 1-12 可知，组织管理整体风险、风险频率和风险严重性与赛事工作人员配备（A_5），安检、人流密度控制等安保风险（A_6），组织者风险防范意识（A_8）有关，其中整体风险按影响大小的排序为赛事工作人员配备（1.244），安检、人流密度控制等安保风险（0.930），组织者的风险防范意识（0.654）。

6.3.3　场馆、设施风险

场馆、设施风险主要包括基础设施完备性（A_{11}）、临时设施安全性（A_{12}）、场地布置合理性（A_{13}）和医疗救助设备完善度（A_{14}）4 个指标，讨论场馆、设施风险发生的频率、严重性、整体风险（频率和严重性的交乘项）与 4 个指标的关系，回归结果见表 1-13。

表 1-13　场馆设施风险回归结果

变量	（1）	（2）	（3）
	整体风险	风险频率	风险严重性
A_{11}	1.184***	0.298***	0.164**
	（0.275）	（0.0568）	（0.0641）
A_{12}	0.870***	0.0908*	0.194***
	（0.274）	（0.0536）	（0.0620）
A_{13}	0.264	0.0400	0.0883
	（0.324）	（0.0624）	（0.0687）
A_{14}	0.405	0.0438	0.147***
	（0.265）	（0.0517）	（0.0558）
Cons	−1.454***	0.936***	0.679***
	（0.418）	（0.0831）	（0.0843）
n	1163	1163	1163
R2	0.238	0.208	0.275

由表 1-13 可知，场馆、设施整体风险、风险频率与基础设施完备性（A_{11}）、临时设施安全性（A_{12}）有关。其中，整体风险按影响大小的排序为基础设施完备性（1.184）、临时设施安全性（0.870）。场馆、设施风险严重性与基础设施完备性、临时设施安全性和医疗救助设备完善度有关。

6.3.4　环境风险

环境风险主要包括恐怖行为（A_{15}）、蓄意破坏风险（A_{16}）、宗教和民族问题（A_{17}）、示威游行（A_{18}）、疫情影响（A_{19}）和自然环境风险（A_{20}）6 个指标，讨论环境风险发生的频率、严重性、整体风险（频率和严重性的交乘项）与 6 个指标的关系，回归结果见表 1-14。

表 1-14　环境风险回归结果

变量	（1）	（2）	（3）
	整体风险	风险频率	风险严重性
A_{15}	0.406*	0.0878*	0.0539
	（0.236）	（0.0502）	（0.0524）
A_{16}	−0.227	−0.0906*	0.0526
	（0.256）	（0.0540）	（0.0563）
A_{17}	0.950***	0.214***	0.138***
	（0.284）	（0.0510）	（0.0534）
A_{18}	0.0828	0.0521	−0.0695
	（0.270）	（0.0505）	（0.0552）
A_{19}	0.0604	−0.00567	0.00608
	（0.163）	（0.0338）	（0.0367）
A_{20}	1.700***	0.263***	0.427***
	（0.200）	（0.0391）	（0.0415）
Cons	−1.390***	0.948***	0.790***
	（0.431）	（0.0873）	（0.0866）
n	1163	1163	1163
R2	0.286	0.249	0.310

由表1-14可知，环境整体风险与恐怖行为（A_{15}）、宗教和民族问题（A_{17}）及自然环境风险（A_{20}）有关。其中，整体风险按影响大小的排序为自然环境风险（1.700）、宗教和民族问题（0.950）和恐怖行为（0.406）。环境风险频率与恐怖行为、蓄意破坏风险、宗教和民族问题以及自然环境风险有关，环境风险严重性主要与宗教和民族问题以及自然环境风险有关。

7. 基于 SEM 的群众性体育赛事风险影响路径分析

7.1　结构方程模型

结构方程模型（SEM），也称为协方差结构模型（CSM）或线性结构关系模型（LSRM），是用来检验观测变量与潜在变量之间假设关系的一种方法。[13]

SEM 可以将无法直接测量而又欲研究的问题作为潜在变量，通过一些可以直接观察的变量来反映潜在变量，从而建立潜在变量之间的关系。此外，SEM 不仅能研究变量间的直接作用，还可研究变量间的间接作用，并通过路径图的方式直观地显示变量间的关系。

SEM 包括两个部分——测量模型和结构模型，模型可通过路径图表示。测量模型主要用于描述潜在变量如何被对应的显性指标所测量，结构模型主要用于描述潜在变量之间的关系以及解释模型中无法被解释的变异量部分。SEM 往往用于学者验证自己的假设，即学者收集影响因素的相关指标，建立结构方程模型以验证自己的假设。其中，测量模型要求学者可以通过至少 3 个方面的指标加以描述需要研究的因素，进而建立测量模型用于进一步的路径研究。

在针对 SEM 的研究中，学者多使用 LISREL 或 AMOS 等软件，考虑到 AMOS 是 SPSS 家族系列软件，且其图形绘制模型功能以及使用者界面导向模块简洁友好，本文采用 AMOS 进行 SEM 操作与分析。

7.1.1　构建理论模型和研究假设

基于上述定性风险描述，本文构架的理论模型如图 1–21 所示。

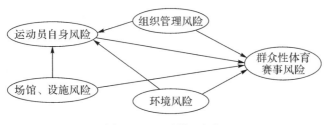

图 1–21　理论模型框架

基于图 1-21 所示的理论框架，本文建立了以下 7 条路径假设（H）：

H1：组织管理风险对群众性体育赛事风险具有显著正向作用；

H2：运动员自身风险对群众性体育赛事风险具有显著正向作用；

H3：场馆、设施风险对群众性体育赛事风险具有显著正向作用；

H4：环境风险对群众性体育赛事风险具有显著正向作用；

H5：组织管理风险对运动员自身风险具有显著正向作用；

H6：场馆、设施风险对运动员自身风险具有显著正向作用；

H7：环境风险对运动员自身风险具有显著正向作用。

7.1.2 变量操作定义

本文选取运动员自身风险，组织管理风险，场馆、设施风险，环境风险作为 SEM 的隐变量；以问卷各部分中与其他项相关系数的大小为条件，选取合适的题项分别作为模型中运动员自身风险，组织管理风险，场馆、设施风险，环境风险的显变量；使用每位受访者对运动员自身风险，组织管理风险，场馆、设施风险，环境风险的事件发生频率与严重程度的认识得分的乘积作为群众性体育赛事风险的显变量，具体指标及题项如表 1-15 所示。

表 1-15　影响群众性体育赛事风险的隐变量和显变量

题项	显变量	隐变量	隐变量	显变量	变量名
F11	身体素质状况（疾病、伤残等）	运动员自身风险	群众性体育赛事风险	运动员自身风险事件发生频率*严重程度	PZ1
F12	参赛心态及情绪控制能力				
F13	突发情况处理能力				
F14	运动量及运动强度的适应能力				
F21	赛事工作人员配备	组织管理风险		组织管理风险事件发生频率*严重程度	PZ2
F23	领导者决策能力				
F24	组织者风险防范意识				
F25	应急预案的完备性				

续表

题项	显变量	隐变量	隐变量	显变量	变量名
F31	基础设施完备性	场馆、设施风险	群众性体育赛事风险	设备设施风险事件发生频率*严重程度	PZ3
F32	临时设施安全性				
F33	场地布置合理性				
F34	医疗救助设备完善度				
F41	恐怖行为	环境风险		环境风险事件发生频率*严重程度	PZ4
F43	宗教和民族问题				
F44	示威游行				
F45	疫情影响				

7.1.3 SEM 模型构造

使用AMOS软件,以椭圆形表示隐变量,以矩形表示显变量,根据表1–15所选题项建立群众性体育赛事风险影响因素的路径图,路径分析如图1–22所示。

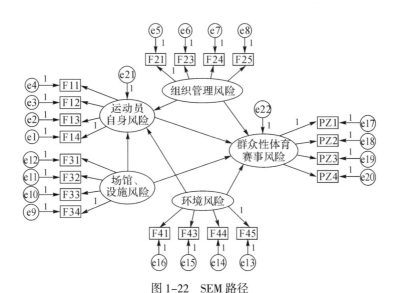

图 1–22　SEM 路径

注: F11 ~ F14、F21 ~ F25、F31 ~ F34、F41 ~ F45、FZ1 ~ FZ4 对应的内容见表1–15,同表1–17、图1–23、图1–24。

检验模型拟合度的指标有很多，如 RMR、SRMR、GFI、TLI、CFI 等，但在指数和指数界值的选择方面存在争议。本文选取修正后的卡方准则和 TLI、GFI、RMSEA 4 个指标进行模型拟合情况的判定。本次调查样本数为 1163，故选取卡方准则的显著性水平为 0.0001。用 AMOS 软件进行路径分析，得到如下模型拟合度结果（见表 1-16）。

表 1-16　模型拟合度指数

	CMIN	DF	p	TLI	GFI	RMSEA
运动员自身风险	41.256	2	0.071	0.960	0.983	0.130
组织管理风险	8.484	2	0.014	0.994	0.996	0.053
场馆、设施风险	45558	2	0.001	0.972	0.980	0.137
环境风险	9.842	2	0.007	0.992	0.991	0.058
群众性体育赛事风险	59.075	2	0.004	0.946	0.974	0.157
总体	2683.518	163	0.001	0.860	0.823	0.115

由表 1-16 可知，模型 5 个部分的卡方准则的 p 值均大于 0.0005，且 TLI、GFI 值均大于 0.9，因此认为 5 个部分的测量模型适配度较好；总体模型的卡方准则的 p 值大于 0.0005，但 TLI、GFI 值略小于 0.9，RMSEA 值大于 0.08，总体模型适配度一般。但考虑到 5 个部分测量模型适配度均较好，故认为当前模型也可进行后续分析。

7.2　实证结果

7.2.1　参数估计

在表 1-17 展示的回归系数中，Esimate 表示系数估计值，呈现在路径图上是单向箭头上的回归系数，S.E. 为标准误差，C.R. 为检验统计量，p 值用于检验回归系数是否显著，系数估计值为 1 的表示该路径系数已被固定，不需要进行估计。

表 1-17 回归系数表

			Estimate	S.E.	C.R.	p
运动员自身风险	<---	组织管理风险	0.413	0.026	16.092	***
运动员自身风险	<---	场馆、设施风险	0.22	0.021	10.283	***
运动员自身风险	<---	环境风险	0.278	0.03	9.4	***
群众性体育赛事风险	<---	组织管理风险	0.837	0.134	6.223	***
群众性体育赛事风险	<---	运动员自身风险	0.947	0.181	5.243	***
群众性体育赛事风险	<---	场馆、设施风险	0.516	0.106	4.879	***
群众性体育赛事风险	<---	环境风险	0.842	0.143	5.876	***
F14	<---	运动员自身风险	1	–	–	–
F13	<---	运动员自身风险	1.027	0.035	29.14	***
F12	<---	运动员自身风险	0.948	0.035	27.473	***
F11	<---	运动员自身风险	1.04	0.039	26.857	***
F21	<---	组织管理风险	1	–	–	–
F23	<---	组织管理风险	1.104	0.029	38.728	***
F24	<---	组织管理风险	1.143	0.029	39.563	***
F25	<---	组织管理风险	0.922	0.031	30.201	***
F34	<---	场馆、设施风险	1	–	–	–
F33	<---	场馆、设施风险	1.018	0.02	50.134	***
F32	<---	场馆、设施风险	0.997	0.021	46.582	***
F31	<---	场馆、设施风险	1.01	0.021	47.855	***
F45	<---	环境风险	1	–	–	–
F44	<---	环境风险	1.496	0.058	25.686	***
F43	<---	环境风险	1.36	0.054	25.079	***
F41	<---	环境风险	1.477	0.06	24.465	***
PZ1	<---	群众性体育赛事风险	1	–	–	–
PZ2	<---	群众性体育赛事风险	1.293	0.052	25.031	***

续表

			Estimate	S.E.	C.R.	p
PZ3	<---	群众性体育赛事风险	1.368	0.051	26.599	***
PZ4	<---	群众性体育赛事风险	1.346	0.051	26.204	***

由表 1-17 可知，路径所有系数估计的 p 值均小于 0.05，即认为这些路径系数在 95% 的置信水平下显著。

7.2.2 路径分析结果

根据表 1-17 的系数估计结果，得到如图 1-23 和图 1-24 所示的路径分析：图 1-23 中标明的路径系数为未标准化的系数，图 1-24 中标明的路径系数为标准化的系数。

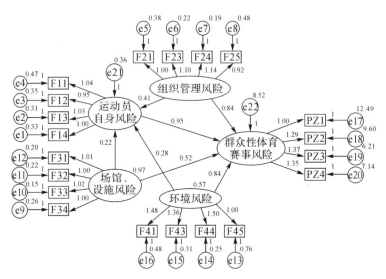

图 1-23 路径系数（未标准化）

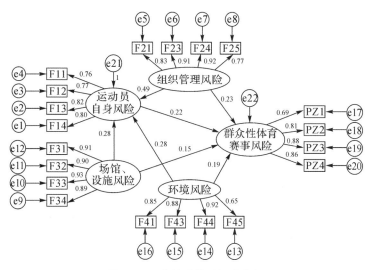

图 1-24　路径系数（标准化）

7.3　结果分析

7.3.1　隐变量之间的关系分析

由图1-24可知,4个隐变量之间的路径系数均显著,说明假设成立。其中,运动员自身风险,组织管理风险,场馆、设施风险和环境风险4个隐变量对群众性体育赛事风险的影响程度由强到弱分别为:组织管理风险（0.23）,运动员自身风险（0.22）,环境风险（0.19）,场馆、设施风险（0.15）。

在4个隐变量之间,组织管理风险,场馆、设施风险和环境风险对运动员自身风险的影响系数分别为0.49、0.28、0.28,说明组织管理风险对运动员自身风险的影响较大,要有效降低由运动员自身风险造成的体育运动伤害事故,就要提高组织管理水平。

7.3.2　隐变量与显变量之间的关系分析

（1）运动员自身风险

由图1-24可知,影响运动员自身风险的因素的系数相近,系数由高到低依次是突发情况处理能力（F13,0.82）、运动量及运动强度的适应能力（F14,0.80）、参赛心态及情绪控制能力（F12,0.77）、身体素质状况（疾病、伤残等）（F11，0.76）。要降低运动员自身风险导致的体育运动伤害事故的发生频率和严重程度，就要对运动员加强培训，提高运动员面对突发情况的处理能力和参赛心态以及情绪的控制能力；合理安排运动员的运动量及运动强度以适应运动员的身体素质。

（2）组织管理风险

由图1-24可知，在影响组织管理风险的因素中，系数最高的首先是组织者风险防范意识（F24，0.92）和领导者决策能力（F23，0.91），其次是赛事工作人员配备（F21，0.83），最后是应急预案的完备性（F25，0.77），安检和人流密度控制等安保风险、交通拥挤和交通不便等问题对组织管理风险影响不显著。因此，要有效降低由组织管理风险导致的体育运动伤害事故的发生频率和严重程度，应从提高组织者的风险防范意识和领导者的决策能力入手。

（3）场馆、设施风险

由图1-24可知，影响场馆、设施风险的因素的系数相近，系数由高到低依次是场地布置合理性（F33，0.93）、基础设备完备性（F31，0.91）、临时设施安全性（F32，0.90）、医疗救助设备完善度（F34，0.89）。因此，要防范场馆、设施风险，不仅要科学合理地布置赛事场地，还要保证基础设备、医疗救助设备和临时设施的安全性和完备性。

（4）环境风险

由图1-24可知，在影响环境风险的因素中，系数较高的是示威游行（F44，0.92）、宗教和民族问题（F43，0.88）、恐怖行为（F41，0.41），而疫情影响（F45）系数较低，仅为0.65，蓄意破坏风险和自然环境风险对环境风险的影响不显著。

8. 结论与建议

本书主要得出以下结论。（1）基于主成分分析发现有4个主成分，可概括为运动员自身风险、组织管理风险、场馆、设施风险和环境风险，说明群众性体育赛事风险可以从运动员自身风险、组织管理风险、场馆、设施风险和环境风险4个方面进行评估。（2）基于回归分析发现：运动员自身风险，组织管理风险，场馆、设施风险和环境风险四者的风险越高，群众性体育赛事发生风险的概率也就越大；群众性体育赛事事故发生的频率与运动员自身风险、组织管理风险、场馆、设施风险显著相关；运动员自身整体风险和严重性同时和身体素质状况（疾病、伤残等）、参赛心态及情绪控制能力、突发情况处理能力和运动量及运动强度的适应能力有关，运动员自身风险发生的频率主要与参赛心态及情绪控制能力和运动量及运动强度的适应能力有关；组织管理风险、频率和严重性与赛事工作人员配备、安检、人流密度控制等安保风险、组织者风险防范意识有关；场馆、设施整体风险、频率与基础设施完备性、临时设施安全性有关，场馆、设施风险严重性与基础设施完备性、临时设施安全性和医疗救助设备完善度有关；环境风险与恐怖行为、宗教和民族问题以及自然环境风险有关，环境风险频率与恐怖行为、蓄意破坏风险、宗教和民族问题以及自然环境风险有关，环境风险严重性主要与宗教和民族问题及自然环境风险有关。（3）基于SEM的群众性体育赛事风险影响因素分析，发现运动员自身风险，组织管理风险，场馆、设施风险和环境风险对群众性体育赛事风险均有影响，组织管理风险对运动员自身风险的影响较大，要有效降低由运动员自身风险造成的体育运动伤害事故，就要提高组织管理水平。

基于上述结论与问卷分析结果，针对群众性体育赛事风险管理提出以下建议。

（1）赛事承办单位应该增强风险管理意识，制定完备有效的赛事风险应急预案，强化决策能力。由于体育赛事风险不仅仅涉及赛事本身，赛事承办单位在赛事筹备过程中，要综合分析赛事风险内外部环境，明确赛事风险组织管理目标、策略及职责，并以此为基础，进一步细分风险防控应急部门，明确职责、加强监督，不断强化风险防范意识。在体育赛事筹办过程中，制定细致的赛事风险应急预案；根据赛事风险发生的概率以及可能发生的现实情况，制定相应的措施，有利于风险发生时及时规避，同时有效提高领导者的决策能力。

（2）运动员赛前应科学备赛，做好充分的风险应急准备，可购买与体育运动相关的保险，以防赛事过程中意外的发生。运动员可根据赛事环境和自身需要等现实情况进行赛前物资准备，在赛事过程中如遇险，应就近寻找可自我保护的物资，并及时寻求赛事承办单位工作人员的救助，等待救援人员到达现场进行救援。运动员赛后注重自我总结，不断加强技术与心理建设。

（3）完善场馆、设施，优化环境建设。完备的场馆、设施和良好的环境是赛事成功举办的前提。赛事承办方应充分考虑赛事所在地环境，提前排除示威游行等活动带来的影响，合理规划比赛路线，根据比赛路线设置补给点并在各补给点配备工作人员以保障安全。通常情况下，补给点的设置要充分考虑车辆等交通工具的便捷性，以便物资运输，尤其是诸如越野跑等地形复杂、强度较大的体育赛事，及时的补给至关重要。医疗队伍应在各个补给点均有部署，救援队则在车辆难以到达的补给点穿梭，收容车辆应在补给点之间巡逻，只有这样才能将赛事风险降到最低，保障赛事顺利举办。

参考文献

[1] 国家体育总局 . "十四五"体育发展规划 [EB/OL].(2021−10−25)[2022−02−3].https://www.sport.gov.cn/zfs/n4977/c23655706/content.html.

[2] 甘肃省人民政府 . 白银景泰"5·22"黄河石林百公里越野赛公共安全责任事件调查报告 [EB/OL].(2021−06−25)[2021−08−20].http://www.gansu.gov.cn/gsszf/c100002/c100010/202107/1643566.shtml.

[3] 安俊英，黄海燕 . 基于模糊层次分析法的大型体育赛事风险评估研究 [J]. 上海体育学院学报，2011，35（4）：32−35.

[4] 霍德利 . 体育赛事风险评估指标体系的构建 [J]. 统计与决策，2011，27（23）：64−67.

[5] 吴勇，张波 . 基于广义离差最小的体育赛事风险评估 [J]. 统计与决策，2012（4）：51−54.

[6] 徐宝丰，薛亮 . 基于熵值的体育赛事风险评估研究 [J]. 运动，2015（17）：25−26.

[7] 贾洪祥，索瑞 . 体育赛事风险评估模糊物元模型的构建与应用研究 [J]. 辽宁体育科技，2017，39（4）：17−21.

[8] 蒲毕文，贾宏 . 大型体育赛事风险评估的结构方程模型构建及实证研究 [J]. 中国体育科技，2018，54（2）：51−58.

[9] 龚江泳，陈焱，唐涓铭 . 基于主成分 −BP 网络的大型体育赛事场馆运行风险评估研究 [J]. 辽宁体育科技，2022，44（2）：48−55.

[10] 易俊生，朱传耿，车冰清 . 我国体育赛事风险管理的研究回顾及展望 [J]. 南京体育学院学报，2022，21（3）：28−34.

[11] 冯加付，殷谦，章情 . 群众性体育赛事概念辨析与界定 [J]. 哈尔滨体育学院学报，2020，38（4）：39−44.

案例3：我国群众性体育赛事中突发事件的法律问题思考——以2021（第四届）黄河石林越野赛为例

摘要：近年来我国群众性体育赛事蓬勃发展，但对赛事中出现的突发事件缺乏有效的法律应对机制和对策。本文以2021（第四届）黄河石林越野赛突发事件为切入点，对我国群众性体育赛事突发性事件涉及的法律问题进行了思考，并提出了如下几个方面的建议：（1）在群众性体育赛事专门性立法中明确规定安全监管的主体权责；（2）制定关于群众性体育赛事组织者的资质认定和信用机制的具体制度；（3）进一步加强群众性体育赛事全过程标准化体系的建设；（4）在群众性体育赛事的专门立法中增加组织者民事赔偿责任的内容以回应市场新情况。

关键词：群众性体育赛事；突发性事件；风险应对；法律思考

1. 研究背景

21世纪以来，我国体育事业蓬勃发展。2014年，国务院印发的《关于加快发展体育产业促进体育消费的若干意见》[1]和国家体育总局印发的《推进体育赛事审批制度改革的若干意见》[2]明确将全民健身上升为国家战略，把体育产业作为绿色产业，要求促进群众体育与竞技体育全面发展，并明确取消商业性和群众性体育赛事审批制度。2016年，国务院印发的《"健康中国2030"规划纲要》[3]将建设健康中国明确为国家战略，引导社会力量参与健身休闲设施的建设和运作，丰富业余体育赛事。2019 年，国务院办公厅印发的《体育强国建设纲要》[4]《关于促进全民健身和体育消费推动体育产业高质量发展的意见》[5] 等相关文件，要求广泛开展群众性体育赛事，丰富节假日体育赛事供给，激发群众的体育消费需求。与此同时，我国的群众性体育赛事也遇到了一些新问题和新挑战。其中之一就是群众性体育赛事突发事件的风险应对问题。这一问题尽管也曾受到体育界和法学界的关注，但真正引起广泛舆论关注和讨论的是 2021 年 5 月 22 日在甘肃省白银市景泰黄河石林景区举办的 2021（第四届）黄河石林越野赛（以下简称2021 黄河石林越野赛）。比赛期间，由于突遇降温、降水、大风等极端天气，造成 21 名参赛运动员死亡和 8 人受伤的重大安全事故。回顾此次赛事事故，对于体育工作者来说，在警醒和悲痛之余，更应与法律人一起探究和思考如何从法律层面保障群众性体育赛事的规范进行，对有可能发生的突发事件风险提出可行的应对措施。

2. 群众性体育赛事和突发性事件及风险的界定

关于群众性体育赛事的定义，学术界有众多理解与表述。群众性体育赛事一般被认为应首先明确何谓"群众性"。程啸[6] 将群众性活动定义为"社会公众举办或向不特定社会公众开放的文化活动、经济活动和其他社会活动，包括体育比赛等"。在此基础上，有学者认为群众性体育赛事即"以普通群众为主要参与对象，以健身、娱乐、丰富文化生活为参与目的，以不同的体育项目和运动方式为手段，借助公共体育场馆或其他体育设施为场所，在一定的竞赛规则的制约下所开展的体育竞赛活动"[7]。关于群众性体育赛事中的突发事件，有学者认为其是指在群众性体育赛事中所发生的高度不确定性的，无法处理的非预测性、偶发性事件，且该类事件的发生常直接或间接导致参赛人员的利益受损。体育赛事中的突发性事件极为普遍，从客观环境和参赛人员两个维度来看，有自然灾害性质导致的突发事件，也有政治性质、参赛人员人为伤害导致的突发事件，以及财务性质等导致的突发事件。本文对以上学者关于这两个概念的界定予以认可，并在此基础上进行研究。

群众性体育赛事中的突发性事件往往存在风险诱因，对风险进行准确识别是开展下一步研究的前置条件。基于对造成赛事风险的动因归属的考量，可将风险分为赛事战略风险、赛事财务风险、赛事潜在风险和赛事运作风险；根据赛事风险的发生机制亦可以做内部驱动风险和外部驱动风险的划分。由于本文是以 2021（第四届）黄河石林越野赛突发事件为切入点所展开的研究，而作为赛事重大突发事故，运动员的意外伤害风险因素极为突出。故本文主要识别的风险是群众性体育赛事中参赛运动员的意外伤害风险。在此基础上，根据识别出的发生意外伤害风险时损失缘由的不同，将其划分为自身风险和外来风险。

3. 我国群众性体育赛事突发事件介绍

3.1 国内群众性体育赛事突发性事件概况

自我国开展群众性体育赛事以来，群众性赛事突发性事件时有发生。如 2012 年 11 月在广州举行的首届马拉松比赛中，1 名参赛运动员在比赛中晕倒后不治身亡；2014 年在苏州、昆明、张家口举行的马拉松比赛中，数名参赛运动员猝死；2015 年在福州举行的马拉松比赛中，1 人死亡，40 余人送医院治疗；2016 年在广东清远举行的马拉松比赛中，赛后统计的伤病率达 61%[8]；2019 年在 Kill 标王越野赛中，1 名参赛运动员跌落斜坡死亡；2021 年在黄河石林越野赛中，因遭遇极端天气，在没有充足供给设备的情况下共计 21 人遇难（见图 1–1）。下面重点以越野赛中发生的突发性事件为例，介绍我国群众性体育赛事突发性事件的基本情况。

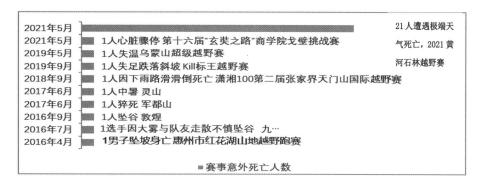

图 1-1 我国 2016—2021 年越野赛事突发事故统计[1]

3.2 2021（第四届）黄河石林越野赛突发性事件情况介绍

2021（第四届）黄河石林越野赛由于参与人数众多、比赛环境复杂、规格较高、面向市场较大，其自身蕴含了极高的风险。下面对 2021（第四届）黄河石林越野赛突发性事件进行简单介绍。

2021 年 5 月 22 日，第四届黄河石林越野赛按期在甘肃省白银市景泰黄河石林景区举行，比赛当天，突遇降温、降水、大风天气。在 P2-P4 赛段，气温从早晨 8：00 开始持续下降，5 小时降温幅度达到 5~7℃，P3 打卡点附近气温降到 4℃ 左右，P2-P3 赛段随着海拔升高，部分赛段出现冰粒。赛事组织者没有及时向运动员提供救援物资，且在出发时也没有强制运动员携带必需的安全物资，导致在最险峻的赛段（P2-P3）造成 21 名运动员死亡、8 名运动员受伤。从本次事故官方公布的调查信息来看，本次事故存在承办方资质不完整、未针对紧急情况制定风险预案、救援力量储备不足、有关部门监管不力等风险点，致使在出现极端天气时，由于地形险峻、救援设施与赛程安排不当造成 21 名运动员遇难的悲剧。从比赛路线设置的合理性来看，P2-P3 赛段车辆无法通行，且该赛段的海拔落差有近 1000 米，是全赛段中地势最为复杂的赛段。虽然这样的海拔差及总体赛段的海拔都在可控范围内，但其风险性已达到高阈值；从赛事安全保障的角度来看，黄河

---

1 资料来源于大型体育赛事安全风险管理研究——以 2021 黄河石林越野赛实践为例"（2021YB080）中期调研数据.

石林越野赛直至 2021 年共举办四届，其赛事工作人员人数却呈现递减趋势，第一届和第四届工作人员数量相差巨大，在 2021（第四届）黄河石林越野赛 P2-P3 赛段中仅有 2 名工作人员提供服务也是极不合理的；从赛事的评定等级来看，第一、二届黄河石林越野赛被中国田径协会认证为 A 类赛事，从第三届开始都没有获得认证，反而吸收了更多元素，被打造成文旅体三位一体的群众性赛事。

通过以上群众性体育赛事突发性事件可以看出，群众性体育赛事本身作为竞技体育具有极高的风险性，而且群众性体育赛事又普遍存在安全监管不力、风险预案不完备、赛事组织者资质不足等先天缺陷，导致在遇到突发性事件时无法很好地应对，人员伤亡事故频频发生。为此，如何良好地应对群众性体育赛事突发性事件成为群众性体育赛事安全平稳举行的必要保障。

4. 群众性体育赛事突发性事件中法律问题的理论依据

4.1 群众性体育赛事的风险管理理论

风险管理理论常被用于企业治理、金融、保险等领域，但随着市场化程度的提高，整体竞争模式的形成，风险管理作为一种科学的管理方法，不仅仅存在于上述领域。在风险管理上升到学科研究层面后，体育赛事领域也引进了这一管理学方法。群众性体育赛事风险管理是内含于管理科学的子概念和方法论，群众性体育赛事风险管理是基于对群众性体育赛事中无法预料的突发事件或故意侵权事件所造成的人员和财务风险进行控制，以最小的经济成本规避风险因子，从而获得最大的安全保障。目前，我国群众性体育赛事风险管理尚未被明确引入体育赛事的相关立法中，可借鉴企业治理、金融、保险等领域的做法。对群众性体育赛事中蕴藏的风险应精准识别，落实执行环节，这样才能实现对群众性体育赛事风险的有效管理和应对。具体到实操层面，应在举办群众性体育赛事之前先进行基础性的风险识别工作，并采用结构分解法和因果图法等方法进行识别，在准确认定风险可能出现的环节和阶段后，分析风险产生的主要诱因以及选择风险应对方案，以实现有效的风险防范。

4.2 群众性体育赛事的突发事件管理理论

由于群众性体育赛事管理是针对赛事过程中产生的一系列隐蔽风险的管理，为了规避赛事中突发事件的产生，有必要在群众性体育赛事的管理中引入危机管理理论。何谓突发事件？ 2007 年 11 月 1 日起施行的《突发事件应对法》第三条明确规定："本法所称突发事件，是指突然发生，造成或者可能造成严重社会危害，需要采取应急处置措施予以应对的自然灾害、事故灾难、公共卫生事件和社会安全事件。"突发事件的危机管理源于因 20世纪 70 年代美国加利福尼亚森林大火而产生的突发事件管理系统[1]，随后美国危机管理学者希斯提出了"4R"理论，其分阶段式的应对策略与群众性体育赛事全过程性风险相切合，群众性体育赛事可以在赛前、赛中、赛后 3个环节进行突发危机管理应对，这样就可以形成完整有机的赛事突发事件危机管理体系。具体而言，以"4R"危机管理理论为基础，体育赛事组织者和监管者应在赛前共同制定风险预防预案，控制风险产生的负面影响，同时做好赛事风险的充分预警和识别；赛中，应尽力按照预案应对危急场景；赛后，对已出现的风险后果进行及时的事后处理并恢复风险所造成的侵害。

4.3 群众性体育赛事的自甘风险与组织者责任理论

对于参赛运动员而言，竞技体育往往伴随一定的人身危险性，因而在群众性体育赛事中运动员的人身侵权一直是法律层面需要减少或规避的议题。然而，与传统的人身侵权类型不同，群众性体育赛事本身存在高风险性，其参赛者在参赛前往往已经意识到本次体育赛事中可能面临的各种危险，却依然选择参赛，这就暗合民法中的自甘风险规则，其默认被侵权人事先了解某项行为可能伴随风险、损失或事故，自愿并同意为此行为承担可能的后果。

---

1 突发事件管理系统是一个标准化的现场管理系统，旨在整合设施、设备、人员、程序和通信于一体，通过命令（command）、行动（operations）、计划（planning）、后勤（logistics）、财务（finance）和管理（administration）实现有效的突发事故管理。

《民法典》第一千一百七十六条规定："自愿参加具有一定风险的文体活动，因其他参加者的行为受到损害的，受害人不得请求其他参加者承担侵权责任；但是，其他参加者对损害的发生有故意或者重大过失的除外。"这里明确规定了参赛运动员自己的责任，同时也在第二款指明了赛事组织者未尽安全保障义务造成受害人损害的，应当承担赔偿责任，即"宾馆、商场、银行、车站、机场、体育场馆、娱乐场所等经营场所、公共场所的经营者、管理者或者群众性活动的组织者，未尽到安全保障义务，造成他人损害的，应当承担侵权责任"。因此，在参赛运动员的意思自治下，其在参加群众性体育赛事中遇到人身损害时本就具有一定的意思自治要素，故群众性体育赛事中参赛运动员人身侵权案件首先适用意思自治原则和自甘风险规则具有合理性。但是，如果其他参加者对造成他人损害有故意或者重大过失的，组织者未尽到安全保障义务造成他人损害的，他们也应当承担侵权责任。

5. 群众性体育赛事突发事件应对法律规制的现状检视

通过对上述国内群众性体育赛事突发事件的回顾和2021（第四届）黄河石林越野赛突发性事件的介绍，我们发现群众性体育赛事中突发事件的发生是大概率事件，区别仅在于人员伤亡的数量和严重程度。群众性体育赛事突发事件频繁发生，究其原因，与事先安全监管缺位、相关主体权责不明、风险机制建构薄弱、相关立法支持较少等有一定的关系，也与突发事件出现时应急措施乏力、执行怠慢等有关。下面从法律层面对这些问题进行分析。

5.1 群众性体育赛事监督管理主体权责的立法支持不足

5.1.1 《体育法》关于群众性体育赛事中监督管理主体权责的规定不完善

1995年10月1日实施的《体育法》全文没有关于"群众性体育"的概念，因而也就没有群众性体育赛事的保障条件和监管责任等的相关规定。此后《体育法》虽然经历了2009年和2016年的两次修正，但均未对体育赛事的举办、风险管理和安全监管等方面予以关注，从而导致在相当长的时间内我国对于体育赛事的监管与风险防范都相对滞后。2022年6月底，修订后的新《体育法》发布，在"第六章体育组织""第七章体育产业""第十章监督管理"部分第一次增加了有关体育赛事的相关规定。本次修订虽然明确了县级以上人民政府体育行政部门及国务院体育行政部门的监管和体育项目管理职责，但并未赋予行业协会或单项体育赛事协会相应的协同监管的权责。

5.1.2 群众性体育赛事的专门性立法供给不足

本次修订的《体育法》除了增加上述内容外，我国现行的体育行政法规、部门规章及地方立法中关于群众性体育赛事的立法几乎空白，因而就更谈不上有关群众性体育赛事中监督管理主体的权责和行业协会或单项体育赛事协会的权责的相关规定了。通过检索发现，在体育赛事方面，国家体育总局发布了《体育赛事活动管理办法》（2020年5月1日施行），但没有针对群众性体育赛事的相关立法。在地方立法中，针对体育赛事或群众性体育赛事的立法几乎没有。4个直辖市中仅有上海出台了《上海市体育赛事活动管理办法》（2020年6月1日起施行），在地方上仅浙江省、广东省等对体育赛事有立法，但也没有针对群众性体育赛事的立法，而举办了多次国内A类体育赛事的甘肃省也没有针对体育赛事或群众性体育赛事的立法。

5.2 关于群众性体育赛事组织者的资质认定和信用机制的立法缺失

5.2.1 现行立法中有关群众性体育赛事组织者资质的规定有待进一步整合细化

体育赛事举办各环节往往潜藏着众多风险，关于赛事组织者的资质与信用管理就成为重中之重。目前国家体育总局发布了《群众性体育赛事活动安全评估工作指南》，但相关文件中关于群众性体育赛事组织者资质及资质不完全责任的规定多为倡导性表述，且散见于各类体育赛事的政策文件中，如2017年国家体育总局等10部委联合印发的《马拉松运动产业发展规划》中关于马拉松组织者的安全保障责任以及后续惩罚的倡导性规定。

显而易见，对于体育赛事组织者的准入规定和后续退出机制需要具有更高效力的法律或法规进行统摄性规定。同时，对组织者的类型和准入标准进行界定也需要将取得良好施行效果的行业标准或管理措施上升为法律，并进一步明确黑名单制度以及体育赛事社会第三方组织者的退出机制。

5.2.2　现行立法中群众性体育赛事组织者信用公示机制的构建尚不完善

在群众性体育赛事中，组织者信用公示制度是一项非常重要的制度。信用是衡量赛事组织者是否有资格举办群众性体育赛事的重要因素，只有具备一定资质的赛事组织者才能被准入群众性体育赛事市场；同时在赛事举行过程中，信用也能够通过公示和负面清单等方式共同实现群众性体育赛事组织者资质的再评定。截至目前，在我国发布的《关于进一步加强体育赛事活动监督管理的意见》《体育市场黑名单管理办法》等文件中，有关行业信用体系的构建以及黑名单管理的规定仅以笼统宏观的法律语言进行表述，并没有明确关于赛事组织者信用评价的具体指标，势必导致群众性体育赛事信用机制的推行与执行。

5.2.3　群众性体育赛事组织者的部分信用评定主体欠缺合法性基础

由于现行的《体育法》关于群众性体育赛事安全监管与风险防范的主体范围被限定在行政监管层面，且有关行业协会资质评定的权限模糊，导致由行业协会自主确定的行业标准与黑名单评定过程似乎欠缺了一定的合法性基础，这将进一步加剧群众性体育赛事信用机制的缺失，不利于群众性体育赛事良性市场秩序的构建与维持。

5.3　关于群众性体育赛事全过程的标准化建设仍有待进一步加强

群众性体育赛事平稳安全的举办有赖于完善的既定赛事流程和方案，而赛事标准则是既定流程和方案的必要组成部分和指导文本。参考其他领域如质量管理系列标准和环境管理系列标准的制定经验，体育赛事只有建立在标准化产业体系、赛事管理体系的基础上才能良好运作并发挥其最大效用。体育赛事管理体系的标准化程度越高，意味着其管理与风险防范的水平越高。体育赛事管理标准化是指根据体育赛事管理的具体要求，赛事组委会组织制定的针对赛事管理各个环节的标准。[9] 当前在世界范围内，体育产业和赛事较为发达的国家多数都制定了相应的赛事活动指南。如加拿大政府编制了《赛事活动指南》以明确体育赛事举办过程中的重点事项，详细指明公共健康、健康护理、警察、火灾、搜寻与救援、农业、环境等相关政府部门在群众性体育赛事中的使命任务、责任标准和监督者角色。[10]

除了重视赛事组织过程的标准化建设，体育赛事发达的国家，尤其是英美和欧洲等国家往往会把标准升格为法律文本。如英国早在 1971 年就先后颁布了《体育场地安全法案》《体育比赛法案》等，澳大利亚则在其他部门法中对体育赛事的组织和监管作出了明确规定。就我国目前体育赛事的管理现状而言，我国关于赛事管理水平的标准文本缺位。虽然我国目前的体育赛事供给模式在逐渐转变，但尚未形成完善成熟的赛事举办和管理模式，体育赛事相关管理人员、监管部门的管理和执法实践也有待提升。标准化建设的重中之重是确立各类群众性体育赛事的举办要求以及各类综合跨门类赛事的举办标准。

6. 群众性体育赛事突发事件应对制度的法律思考

6.1　在群众性体育赛事专门性立法中明确规定安全监管的主体权责

2014 年，国务院印发的《关于加快发展体育产业促进体育消费的若干意见》中提出"取消群众性赛事审批制度"。由此，运行多年的体育赛事审批制度被逐步取消。此后体育赛事供给模式发生改变，极大促进了体育产业和赛事的繁荣发展，但同时也发生了由于准入审查不严格、安全监管不到位造成参赛人员伤亡的事故。因此，有必要在专门性立法中构建和完善主体监管机制，进一步明确群众性体育赛事各方主体的安全监管权责。

6.1.1　群众性体育赛事中的多元协调治理机制具有合法性和合理性

2021 年 7 月，国家体育总局等 11 部委联合印发的《关于进一步加强体育赛事活动安全监管服务的意见》中强调，群众性体育赛事需要政府行政监管与行业自律监督相结合，构建和完善追责问责机制。群众性体育赛事的传统行政监管模式存在行政有限性的弊端，在其赛事监管过程中必然会受到包括设租寻租在内的行政有限性的影响，从而影响赛事安全监管的范围和效率。一方面，单纯的行政监管受到行政制度的制约，一定程度上滞阻赛事安全监管的处理决策和效率。另一方面，群众性体育赛事若仅由行业自身监管又难免失之公允，在赛事安全监管中可能出现怠于监管、无效监管等情形。因此，体育赛事的多元监督治理在融合了多主体监管的优势后，以更专业化的治理手段进行赛事安全监管，同时又能够在制度层面进行兜底约束，在行业监管乏力时以强制力加以约束，从而实现群众性体育赛事的全面有效监管。

6.1.2　在群众性体育赛事的专门性立法中明确政府在监管、前期风险评估、资质审查等方面的权责

为了发挥政府监管和服务的功能，有必要进一步落实我国新《体育法》中规定的行政部门的体育赛事安全监管责任及其他社会主体的监管职责，因此需要进一步出台与群众性体育赛事相关的行政法规、规章及规范性法律文件，从而使得体育赛事的前中后期都能被纳入法治体系，在群众性体育赛事市场化供给模式下最大化发挥政府职责，打造绿色安全的赛事生态环境。

6.1.3　在群众性体育赛事专门性立法中明确组织者权责

由于我国多年来在体育治理、体育赛事管理方面的一元化政府管理模式，导致体育赛事相关行业协会的协同治理能力相对减弱。为实现体育赛事供给模式的顺利转型，必须通过法律法规根据现有规范细化行业标准，并由行业协会监督实施，在立法中明确组织者的权责也是必不可少的。建议参考英国里奇韦越野跑挑战赛的做法，在立法中明确政府权责的同时，也规定赛事组织者的权利和责任，使其事先根据权责规定进行风险评估，形成风险留置和减缓策略，以更好地应对风险。因此，群众性体育赛事的组织者及相关工作人员的法治意识和安全认同极为重要，非常有必要面向其进行安全责任的教育和宣传，使其在心理上认同并给自身行为画定红线，

从而确保群众性体育赛事的有序开展。

6.2　制定关于群众性体育赛事组织者的资质认定和信用机制的具体制度

"互联网+""数据共享"等高新技术的发展推动了群众性体育赛事市场监管机制的创新，信用公示制度由于可以有效提高组织者自行监管的积极性，其公示功能也进一步起到公众监督的作用，因此信用公示制度成为群众性体育赛事的有效监管工具。然而，现行立法中有关群众性体育赛事组织者资质认定及信用公示等方面的规定仍有待进一步完善。

6.2.1　构建完整的群众性体育赛事资质认定和信用监管制度

《体育市场黑名单管理办法》首度引入黑名单制度，其为应用黑名单进行体育市场治理监管确立了规则，并为通过信用治理从政策要求转换为实践操作奠定了制度规则基础。[11]但该制度在履行其体育赛事监管职能时，还应当注意保护相关当事人的权益，并接受相关法律的监督。现行立法中有关信用监管的规定散见于国家体育总局制定的《体育赛事活动管理办法》《体育市场黑名单管理办法》以及部分地方规章中，其中《体育市场黑名单管理办法》的有效期仅为5年。如此立法现状显然无法满足信用机制依法在群众性体育赛事中发挥监管作用的要求。在群众性体育赛事专门性立法工作提上日程的背景下，将黑名单等信用监管工具纳入其中是依法治体的应有之义。与此同时，应当进一步平衡信用公示工具的惩戒作用和示范引领作用。参考《国务院关于建立完善守信联合激励和失信联合惩戒制度加快推进社会诚信建设的指导意见》中有关签署"守信联合激励和失信联合惩戒合作备忘录"的规定，群众性体育赛事的专门性立法中也可以考虑引入这种形式，以更好地明确赛事组织者的信用等级，在合法化的前提下，尽可能灵活地做到黑名单的准入和退出。

6.2.2　专门性立法须进一步明确群众性体育赛事信用评定主体

在体育赛事协同治理的推动下，行政部门与行业协会等社会其他力量共同进行群众性体育赛事的监管，互相补充、互相促进。在目前的《体育法》

及其他群众性体育赛事立法文件中并没有明确行业协会的监管职能，是以在区分行政部门监管与行业协会监管在具体职能、工作开展等方面差异的基础上，应明确行业协会的群众性体育赛事监管权。同时，为避免因信息互通不畅而产生信息孤岛，可以赋予行业协会一定的赛事活动主体信用监督和评定的权限。

6.3 进一步加强群众性体育赛事全过程标准化体系的建设

目前，国家体育总局取消了体育赛事审批制度，但是配套的制度并没有完善，很多地方的管理和服务能力也没有跟上，造成一定程度的监管真空。在"放管服"改革中保证体育赛事的安全举办、保障参赛运动员的人身安全除了准入资质的标准化建设之外，还需要加强体育赛事全过程多环节的标准化体系构建与完善。

6.3.1 在专门性立法中明确界定各类群众性体育赛事

国家体育总局曾于2014年12月颁布《全国性单项体育协会竞技体育重要赛事名录》，其中规定了167项国内各类体育赛事，包括田径、马拉松等群众性体育赛事，但于2020年被《体育赛事活动管理办法》所废止。通过检索发现，目前欠缺包含群众性体育赛事在内的各类体育赛事的法律依据，这显然不符合"依法治体"的战略目标。因此，群众性体育赛事专门性立法须构建相关体育赛事名录，明确各类体育赛事的内涵和外延，便于组织者更好地提供赛事服务并进行风险防范。

6.3.2 推进群众性体育赛事全过程的合规化改革

在群众性体育赛事市场化的趋势下，许多国家都为应对赛事举办过程中的突发事件进行过多方面的有益尝试。英国、法国、澳大利亚等国都曾制定有关体育赛事的专门法案，通过立法保障体育赛事依法进行、规避风险。随着审批条件逐渐放松，赛事举办的各环节需要行业协会或立法部门制定专门的行业规范或法律来保障和监督，群众性体育赛事也应当同国际或全国性体育赛事一样完成合规化建设，使得体育赛事组织者有法可依、有法必依，也便于社会公众通过行业标准、规范及法律更好地监督。

6.4　在群众性体育赛事专门性立法中增加组织者民事赔偿责任的内容

从上文可知，《体育法》未能就相关侵权责任或合同责任的规定与《民法典》进行衔接并保持一致。我国《民法典》第一千一百七十六条和第一千一百九十八条等条款对风险活动组织者的安全责任进行了规定，明确了风险活动组织者在未尽安全保障义务时应承担侵权损害的赔偿责任，同时规定了群众性体育活动参加者自甘风险导致损害事实发生时的责任承担。但由于《民法典》不可能对各类体育活动组织者的安全保障义务做出具体规定，且各类群众性体育赛事往往由拥有专门资质的组织者举办，其专业优势要求其应承担较高标准的安全保障义务，因此理应由《体育法》或其他相关群众性体育赛事专门性立法厘定群众性体育赛事组织者安全责任承担的具体情形。同时，专门性立法在对群众性体育赛事组织者的民事责任加以规定时，应当与《民法典》中有关群众性活动组织者责任的规定相衔接，同时考量活动参加者自甘风险的边界，进一步细化体育赛事中组织者安全保障义务的范围，使赛事组织者的民事赔偿责任权责更加明确。因此，建议在《体育法》和群众性体育赛事专门性立法中增加关于体育赛事组织者的民事赔偿责任，并厘清体育赛事组织者的安全责任范围。

7. 结语

目前我国已通过立法将群众性赛事纳入法治化框架，但是当前在群众性体育赛事的组织和举办过程中依然存在相关监管主体权责不明确、立法保障欠缺等法律治理困境，建议未来可以从制度层面将上述问题纳入考量并予以回应。通过在相关专门性立法中明确安全监管的主权权责、制定相关群众性体育赛事组织者的资质认定和信用机制的具体制度、加强群众性体育赛事全过程标准化体系的建设以及在相关专门立法中衔接组织者民事赔偿责任等手段，进一步提升法律施行效果，使得"依法治赛""依法治体"惠及民众。

参考文献

[1] 国务院 . 关于加快发展体育产业促进体育消费的若干意见 [EB/OL].(2014－10－20)[2021－09－10].http://www.gov.cn/zhengce/zhengceku/2014－10/20/content_9152.htm.

[2] 国家体育总局 . 关于推进体育赛事审批制度改革的若干意见 [EB/OL].(2014－12－30)[2021－05－10].https://www.sport.gov.cn/n315/n331/n403/n1956/c782895/content.html.

[3] 中共中央，国务院 . "健康中国 2030" 规划纲要 [EB/OL].(2016－10－25)[2021－05－12].http://www.gov.cn/gongbao/content/2016/content_5133024.htm.

[4] 国务院办公厅 . 关于印发体育强国建设纲要的通知 [EB/OL].(2019－09－02)[2021－05－12].http://www.gov.cn/zhengce/zhengceku/2019－09/02/content_5426485.htm.

[5] 国务院办公厅 . 关于促进全民健身和体育消费推动体育产业高质量发展的意见 [EB/OL].(2019－09－17)[2021－05－13].http://www.gov.cn/zhengce/zhengceku/2019－09/17/content_5430555.htm.

[6] 程啸 . 侵权责任法（第二版）[M]. 北京：法律出版社，2015.

[7] 温融 . 政府向体育社会组织购买请知悉体育赛事研究 [D]. 北京：北京体育大学，2017.

[8] 覃雪芹 . 中国城市马拉松热的冷思考——基于城市马拉松赛事组织价值实现 [J]. 南京体育学院学报（社会科学版），2017，31（1）：35－41.

[9] 陈运魁 . 体育赛事运营及风险管理研究 [D]. 天津：天津大学，2014.

[10] 田川颐，闫俊涛 . 依法治体：体育赛事安全合作监管模式研究 [J]. 北京体育大学学报，2021（10）：121－128.

[11] 陈洪平，刘晓丽 . 信用工具在体育市场治理中的应用研究 [J]. 天津体育学院学报，2021（4）：442－447.

附件1　体育赛事活动管理办法

国家体育总局令第 25 号

《体育赛事活动管理办法》已于 2019 年 11 月 1 日经国家体育总局第 14 次局务会议审议通过，现予公布，自 2020 年 5 月 1 日起施行。

局　长　苟仲文
2020 年 1 月 17 日

体育赛事活动管理办法

第一章　总　则

第一条　为规范体育赛事活动有序开展，促进体育事业健康发展，根据《中华人民共和国体育法》《全民健身条例》以及其他相关法律法规，制定本办法。

第二条　本办法所称体育赛事活动，是指在中国境内依法举办的各级各类体育赛事活动的统称。

第三条　体育赛事活动应当坚持政府监管与行业自律相结合的原则，实行分级分类管理，加强事中事后监管，优化体育赛事活动服务。

国家体育总局（以下简称体育总局）负责全国范围内体育赛事活动的监管。县级以上地方人民政府体育主管部门（以下简称地方体育部门）负责所辖区域内体育赛事活动的监管。

中华全国体育总会、中国奥林匹克委员会、地方体育总会、全国性单项体育协会、地方性单项体育协会以及其他体育协会（以下简称体育协会）按照法律法规及各自章程负责相关体育赛事活动的服务、引导和规范。

第四条　体育赛事活动举办应当遵循合法、安全、公开、公平、公正、诚信、文明、绿色的原则。

第五条　本办法所称主办方是指发起举办体育赛事活动的组织或个人；承办方是指具体负责筹备、实施体育赛事活动的组织或个人；协办方是指提供一定业务指导或者物质及人力支持、协助举办体育赛事活动的组织或个人。主办方、承办方、协办方之间的权利义务应当通过书面协议方式约定。

第二章　体育赛事活动申办和审批

第六条　体育总局以及中华全国体育总会、中国奥林匹克委员会主办的全国综合性运动会，由省、自治区、直辖市人民政府按照综合性运动会申办管理规定申办，报国务院批准后举办。

地方体育部门以及地方体育总会主办的所辖区域内的综合性运动会自行确定申办办法。

第七条　申办国际体育赛事活动，应当按照程序报批，未经批准，不得申办。

以下国际体育赛事活动需列入体育总局年度外事活动计划，并按照有关规定和审批权限报体育总局或国务院审批：体育总局主办或共同主办的重要国际体育赛事活动，国际体育组织主办的国际综合性运动会、世界锦标赛、世界杯赛、亚洲锦标赛、亚洲杯赛，涉及奥运会、亚运会资格或积分的赛事，全国性单项体育协会主办的跨省（区、市）组织的国际体育赛事活动，涉及海域、空域及地面敏感区域等特殊领域的国际体育赛事活动。

体育总局相关单位或全国性单项体育协会主办，或与地方共同主办但由体育总局相关单位或全国性单项体育协会主导的国际体育赛事活动，需列入体育总局外事活动计划，原则上由有外事审批权的地方人民政府或其有关部门审批。

地方自行主办，或与体育总局相关单位或全国性单项体育协会共同主办但由地方主导的国际体育赛事活动，由有外事审批权的地方人民政府或其有关部门审批，不列入体育总局外事活动计划，但应统一向体育总局备案。

其他商业性、群众性国际体育赛事活动，应当按照属地管理原则，根据地方有关规定办理外事手续。

参加以上体育赛事活动人员的来华邀请函、接待通知等相关外事手续，按照"谁审批谁邀请"的原则办理。

第八条　健身气功、航空体育、登山等运动项目的体育赛事活动，另有行政审批规定的，按照规定程序办理。

第九条　境外非政府组织在中国境内举办的体育赛事活动，应当经省级人民政府体育部门同意，并报同级公安机关备案。

全国性单项体育协会代表中国参加相应的国际单项体育组织，任何组织和个人在中国境内主办或承办相应的国际单项体育组织的体育赛事活动，应当与全国性单项体育协会协商一致。

第十条　除第七、八条规定外，体育总局对体育赛事活动一律不作审批，公安、市场监管、卫生健康、交通运输、海事、无线电管理、外事等部门另有规定的，主办方或承办方应按规定办理。

地方体育部门应当按照国务院、地方人大和政府的相关规定，减少体育赛事活动审批；对保留的审批事项，不断优化服务。

地方体育部门应当积极协调推动地方人民政府，根据实际需要建立体育、公安、卫生等多部门对商业性、群众性大型体育赛事活动联合"一站式"服务机制或部门协同工作机制。

机关、企事业单位、社会组织和个人均可依法组织和举办体育赛事活动。

机关、事业单位、体育协会举办体育赛事活动，应当公开、公平、公正选择承办方，并鼓励和支持社会广泛参与。

第十一条　体育赛事活动的名称应当符合以下规定：

（一）与举办地域和体育赛事活动的项目内容相一致；

（二）与主办方开展活动的行业领域和人群范围相一致；

（三）与他人或其他组织举办的体育赛事活动名称有实质性区别；

（四）不得侵犯他人或其他组织的合法权益；

（五）不得含有欺骗或可能造成公众误解的文字；

（六）不得使用具有宗教含义的文字；

（七）按照国家法律法规、政策要求使用"一带一路""金砖国家""上合组织"等含有政治、外交、国防属性的文字；

（八）相关法律、法规和规章的其他规定。

第十二条　中央和国家机关及其事业单位、全国性社会组织主办或承办的国际性、全国性体育赛事活动，名称中可以使用"世界""国际""亚洲""中国""全国""国家"等字样或具有类似含义的词汇，其他体育赛事活动不得使用与其相同或类似的名称。

第三章　体育赛事活动组织

第十三条　体育赛事活动主办方和承办方应当建立组委会等组织机制，根据需要组建竞赛、安全、新闻、医疗等专门委员会，明确举办体育赛事活动的分工和责任，协同合作。

承办方应当做好体育赛事活动各项保障工作，负责体育赛事活动的安全，对重要体育赛事活动进行风险评估，制定相关预案及安全工作方案，并督促落实各项具体措施。主办方直接承担体育赛事活动筹备和组织工作的，履行承办方责任。

协办方应当确保其提供的产品或服务的质量和安全。

第十四条　具备条件的大型或重要体育赛事活动的组委会应当建立党组织，加强党对体育赛事活动的领导。

第十五条　举办体育赛事活动，主办方和承办方应当根据需要，做好下列保障工作：

（一）配备具有相应资格或资质的专业技术人员；

（二）配置符合相关标准和要求的场地、器材和设施；

（三）落实医疗、卫生、食品、交通、安全保卫、生态保护等相关措施。

体育赛事活动对参赛者身体条件有特殊要求的，主办方或承办方应当要求其提供符合体育赛事活动要求的身体状况证明，参赛者应予以配合。

体育部门主办的体育赛事活动，应当主动购买公众责任方面的保险。鼓励其他体育赛事活动主办方、参与者购买公众责任或意外伤害方面的保险。

第十六条　主办方或承办方应当根据国家或全国性单项体育协会有关裁判员管理的规定，按照公开、公平、公正、择优的原则确定体育赛事活动的裁判员。

第十七条　体育部门主办的体育赛事活动，应当在举办前通过网络或新闻媒体等途径向社会公开。

鼓励和支持其他体育赛事活动主办方在体育赛事活动举办前，通过包括政府网站在内的多种途径，向社会公布竞赛规程，公开体育赛事活动的名称、时间、地点、主办方、承办方、参赛条件及奖惩办法等基本信息。

第十八条　体育赛事活动的名称、标志、举办权、赛事转播权和其他无形资产权利受法律保护，主办方和承办方可以进行市场开发依法依规获取相关收益，任何组织和个人不得侵犯。

体育赛事活动主办方、承办方应当增强权利保护意识，主动办理商标、专利、著作权等知识产权手续，通过合法手段保护体育赛事活动相关权益。

第十九条　体育赛事活动因自然灾害、政府行为、社会异常事件等因素确需变更时间、地点、内容、规模或取消的，主办方应当在获得相关信息后及时公告。因变更或取消体育赛事活动造成承办方、协办方、参与者、观众等相关方损失的，应当按照协议依法予以补偿。

第二十条　个人、法人和其他组织依法参与体育赛事活动，享有获得基本安全保障、赛事服务等权利。

体育赛事活动主办方或承办方因办赛需要使用个人、法人和其他组织相关信息的，应当保障信息安全，建立信息安全管理制度，不得违法使用或泄漏。

第二十一条　体育赛事活动相关人员（包括参赛者、裁判员、志愿者、观众、体育赛事活动组织机构工作人员等，以下同）应当履行诚信、安全、有序地办赛、参赛、观赛义务，做到：

（一）遵守相关法律法规规定；

（二）遵守体育道德，不得弄虚作假、徇私舞弊，严禁使用兴奋剂、操纵比赛、冒名顶替等行为；

（三）遵守竞赛规则、规程、赛场行为规范和组委会的相关规定，自觉接受安全检查，服从现场管理，维护体育赛事活动正常秩序；

（四）遵守社会公德，不得损坏体育设施，不得影响和妨碍公共安全，不得在体育赛事活动中有违反社会公序良俗的言行。

第二十二条　体育赛事活动相关人员在体育赛事活动中应当自觉践行社会主义核心价值观，弘扬中华体育精神，积极营造健康向上、和谐文明的赛场文化氛围和舆论宣传氛围。

第二十三条　主办方和承办方应当加强观赛环境管理，维护赛场秩序，防止打架斗殴、拥挤踩踏等事件发生，防止不文明不健康、有侮辱性或谩骂性、破坏民族团结、分裂国家、反社会倾向等方面的言论、旗帜和标语出现，严禁携带危险品出入赛场。

第二十四条　无民事行为能力人或限制民事行为能力人单独参加体育赛事活动的，主办方或承办方应当告知其监护人相关风险并由监护人签署承诺书。

第二十五条　体育赛事活动中有外籍人员参加的，主办方和承办方应当按照国家有关规定对其管理。

第四章　体育赛事活动服务

第二十六条　体育部门和体育协会应当为社会力量合法举办的体育赛事活动提供必要的指导和服务。

通过举办体育赛事活动提升公共体育场馆特别是大型体育场馆的利用效率和开放水平。

第二十七条　体育部门和体育协会应当根据职责和章程，加强对体育赛事活动组织者及相关从业人员的培训，不断提高体育赛事活动组织水平。

第二十八条　体育部门和体育协会可以选配体育赛事活动组织经验丰富的专家担任体育赛事活动指导员，参与体育赛事活动现场指导，并按照项目分类组建专家库。

第二十九条　体育部门可以设立体育赛事活动专项资金，通过奖励、政府购买服务等方式鼓励、引导社会力量举办体育赛事活动。

第三十条　地方体育部门可以制定所辖区域的年度《体育赛事活动服务指导目录》，明确每年度可由社会力量申办的体育赛事活动、优先给予扶持的体育赛事活动以及提供公共服务的范围、服务内容、收费标准等事项。

鼓励主办方在举办体育赛事活动前主动向地方体育部门备案。地方体育部门经过评估可以将其中社会效益好、影响力大的体育赛事活动列入《体育赛事活动服务指导目录》，通过政府购买服务、提供专业技术指导等方式给予支持。

第三十一条　全国性单项体育协会应当充分发挥专业优势，加强体育赛事活动的标准化、规范化建设，制定出台本项目体育赛事活动组织的办赛指南和参赛指引。

办赛指南应当包括组织体育赛事活动的基本条件、标准、规则、服务、保障以及对体育赛事活动主办方、承办方的基本要求等内容。

参赛指引应当包括符合一定年龄、身体、运动机能条件，承诺遵守竞赛规程、服从体育赛事活动安排等参与体育赛事活动的基本要求和需要知悉的基本常识。

第三十二条　体育协会可以根据体育赛事活动主办方和承办方的需求，提供必要的技术、规则、器材等方面的指导和服务，建立健全赛事指导和服务制度。

第三十三条　全国性单项体育协会应当制定体育赛事活动服务收费标准并向社会公布，可以根据其在体育赛事活动中提供的服务依法合规收取相应费用，但不得提供强制服务，不得以任何借口违法违规收取费用。

第五章　体育赛事活动监管

第三十四条　体育部门应当建立健全体育赛事活动监管工作机制，综合运用多种监管手段，充分发挥"互联网＋监管"的功能，加快实现各相关部门、各层级和各领域监管信息共享和统一应用，实现综合监管、智慧监管、动态监管。

第三十五条　体育部门在体育赛事活动举办前或举办中发现涉嫌不符

合体育赛事活动条件、标准、规则等规定情形的，或收到有关单位、个人提出相关建议、投诉、举报的，应当及时予以处理；属于其他部门职责范围的，应当及时移交并积极配合协助处理。

第三十六条　体育协会应当引导行业健康发展，加强对会员组织举办的体育赛事活动的日常管理，提高其主办、承办、协办体育赛事活动的水平。

第三十七条　体育协会可以依照体育赛事活动组织整体水平、人数规模、层次规格、服务保障、社会影响力等因素，对所辖区域内的体育赛事活动实施等级评定或进行体育赛事活动评估。

第三十八条　全国性单项体育协会应当在协会章程中规定本项目体育赛事活动管理的内容，并制定相关管理办法，出台本项目体育赛事活动组织的团体标准、奖惩措施、信用管理、反兴奋剂工作等规范，加强行业自律。

第三十九条　主办方和承办方应当加强赛风赛纪管理，确保体育赛事活动公平公正开展。

第四十条　主办方和承办方应当按照国家有关规定履行体育赛事活动反兴奋剂职责，积极配合反兴奋剂组织开展宣传教育以及检查调查等工作，采取措施防范兴奋剂风险隐患，在管理权限内对兴奋剂违规问题作出处理。

第六章　法律责任

第四十一条　违反本办法规定的行为，有关法律、法规、规章已有处罚规定的从其规定。

主办方或承办方违反本办法规定，有下列情形之一的，由地方体育部门或其委托的综合行政执法部门责令改正，情节恶劣的视情节处以30000元以下罚款，属于非经营活动的处以1000元以下罚款。

（一）不符合本办法第七条、第八条对体育赛事活动审批规定的；

（二）不符合本办法第九条对境外非政府组织在中国境内举办体育赛事活动规定的；

（三）不符合本办法第十一条、第十二条对体育赛事活动名称规定的；

（四）造成人身财产伤害事故或重大不良社会影响的；

（五）其他侵犯他人或其他组织合法权益的。

第四十二条　体育赛事活动主办方、承办方、协办方及相关人员在体育赛事活动中的行为涉嫌欺诈或造成重大安全责任事故等情形的，体育部门应当配合公安、市场监管等部门依法依规处理，构成犯罪的依法追究刑事责任。

第四十三条　体育协会在开展体育赛事活动中有变相审批、违法违规收费等行为的，由同级体育部门或其委托的综合行政执法部门责令改正，对负有直接责任的主管人员和其他责任人员依法依规依纪给予处分。

第四十四条　体育赛事活动中出现假球、黑哨、赌球、兴奋剂违规等行为的，体育赛事活动主办方、承办方及相关人员应当配合公安、市场监管、体育等部门依法依规处理，构成犯罪的依法追究刑事责任。

第四十五条　体育部门及其工作人员在体育赛事活动监管工作中有滥用职权、徇私舞弊、玩忽职守等行为的，依法予以查处，对负有直接责任的主管人员和其他责任人员依法依规依纪给予处分，构成犯罪的依法追究刑事责任。

第四十六条　体育部门应当建立体育领域信用制度体系，将信用承诺履行情况纳入信用记录，开展信用评价。

省级体育部门应当按照体育市场黑名单管理制度，将举办体育赛事活动中严重违反法律、法规、规章的体育经营主体及其从业人员列入体育市场黑名单，并在一定期限内向社会公布，实施信用约束、联合惩戒。

第七章　附则

第四十七条　本办法自 2020 年 5 月 1 日起施行。2014 年 12 月 24 日《体育总局关于推进体育赛事审批制度改革的若干意见》（体政字〔2014〕124号）、2014 年 12 月 24 日《体育总局关于印发〈全国性单项体育协会竞技体育重要赛事名录〉的通知》（体政字〔2014〕125号）、2015 年 12 月 21日《体育赛事管理办法》（体竞字〔2015〕190号）、2018 年 4 月 28 日《体育总局关于印发〈关于进一步加强体育赛事监管的意见〉的通知》（体规字〔2018〕3号）同时废止。

附件 2 群众性体育赛事风险识别检查表

风险源	风险因素	风险具体内容	风险原因
参赛运动员风险源	生理因素	1.基础性疾病	直接原因不安全行为
		2.身体素质	
		3.身体机能调节能力	
		4.运动伤病	
		5.年龄	
	心理因素	6.参赛心态变化	
		7.适应比赛的能力	
		8.自我调节能力	
		9.是否盲目参赛	
		10.比赛不同阶段调节能力	
	运动水平	11.技、战术应用是否合理	
		12.比赛经验	
		13.比赛规则掌握	
		14.战术素养	
		15.运动强度适应性	
		16.运动量适应能力	
	运动知识	17.运动常识的掌握	
		18.参赛风险认识	

风险源	风险因素	风险具体内容	风险原因
参赛运动员风险源	运动知识	19.参赛风险意识	直接原因不安全行为
		20.对比赛项目的了解度	
		21.自我防护意识	
		22.相关比赛经验	
		23.比赛风险预见能力	
环境风险源	自然环境风险	24.自然灾害	间接原因环境优劣
		25.极端天气	
		26.恶劣环境	
		27.高原地区	
		28.地质灾害	
		29.特殊地形地貌	
	社会环境风险	30.政治风险	
		31.政治抵制	
		32.恐怖活动	
		33.侵权扰民	
		34.涉外突发事件	
		35.举办地政策风险	
		36.社会治安事件	
		37.政府支持风险	
		38.当地民众支持风险	
		39.宗教、种族问题	
		40.文化差异	
		41.新闻媒体舆情报道	
		42.经济风险	
		43.财务预算风险	
		44.政府财政亏损风险	
		45.赞助商风险	

续表

风险源	风险因素	风险具体内容	风险原因
环境风险源	社会环境风险	46.比赛费用超支风险	间接原因 环境优劣
		47.赛后经济低速效应损失	
组织管理风险源	制度层面风险	48.赛事风险管理机构是否成立	间接因素 管理漏洞
		49.赛事风险管理制度规划是否完善	
		50.赛事监督机制是否健全	
		51.赛事监管手段是否到位	
		52.赛事保障机制是否健全	
		53.赛事保障手段是否到位	
	管理层面风险	54.突遇风险的决策能力	
		55.风险防范意识	
		56.工作人员相关培训	
		57.风险规划能力	
		58.风险预警的完善性	
		59.人流密度控制	
		60.参赛者人身保障	
		61.相关人员人身保险	
		62.交通、食宿等保障措施	
场馆、器材设施风险源	比赛场馆	63.室内场馆安全性	直接因素 不安全状态
		64.室外场地安全性	
		65.赛道设计与规划合理性	
		66.赛道路面障碍物	
		67.场馆周边安全保障	
	附属设施	68.赛事补给点合理性	
		69.配套设备完善性	
		70.比赛标志物醒目性	
		71.赛事附属场馆安全性	
	临时设施	72.临时场地安全性	

风险源	风险因素	风险具体内容	风险原因
场馆、器材设施风险源	临时设施	73.临时设备安全性	直接因素不安全状态
		74.应急设备配备到位性	
	器材设施	75.器材装备安全性	
		76.器材质量合规性	
		77.器材安装和使用方法正确性	
突发公共卫生事件和赛事医疗救助风险源	突发公共卫生事件	78.突发卫生事件风险防范意识	间接因素管理漏洞
		79.风险应变能力	
		80.风险决策能力	
		81.食品安全、生活饮用水安全	
		82.风险应急预案	
	赛事医疗救助	83.医疗救助水平	
		84.救助设备完善程度	
		85.赛事医疗救助点分布合理性	
		86.赛事医疗通道畅通性	
		87.赛事医疗救助启动速度	
		88.医疗救助人员沟通有效性	
		89.医疗安全总结	
总计	5个一级指标，14个二级指标，89个三级指标		

附件 3 群众性体育赛事风险评估调查问卷

尊敬的女士/先生：

您好！我们是甘肃省哲学社会科学规划项目"群众性体育赛事风险评估"的课题组成员，非常感谢您能在百忙之中抽出宝贵的时间填写本问卷。您所填写的资料仅用于学术研究。本次调查采用无记名方式，对您的信息将严格保密，请您放心填写本问卷，非常感谢您的参与和支持！

1. 您的性别：

[单选题]*

○男　　　○女

2. 您的年龄段：

[单选题]*

○ 18 岁以下

○ 18~25 岁

○ 26~30 岁

○ 31~40 岁

○ 41~50 岁

○ 51~60 岁

○ 60 岁以上

3. 您属于以下哪类人群？

[单选题] *

○有群众性体育赛事参赛经历的相关人员（请跳至第 4 题）

○群众性体育赛事管理者（请跳至第 5 题）

○相关学者（请跳至第 7 题）

○群众性体育赛事观众（请跳至第 6 题）

4. 您在参加群众性体育赛事时是否发生过体育运动伤害事故？

[单选题] *

○是 ** 填写完该题，请跳至第 7 题。

○否 ** 填写完该题，请跳至第 7 题。

5. 在您参与举办的群众性体育赛事中，是否发生过体育运动伤害事故？

[单选题] *

○是 ** 填写完该题，请跳至第 7 题。

○否 ** 填写完该题，请跳至第 7 题。

6. 在您观看的群众性体育赛事中，是否发生过体育运动伤害事故？

[单选题] *

○是

○否

7. 近 10 年来，您认为体育赛事伤害事故发生频率如何？

[单选题] *

○几乎不发生　　○ 2 次　　○ 3 次　　○ 4 次　　○经常发生

8. 近 10 年来，您认为群众性体育赛事中由运动员自身风险所导致的伤害事故发生的频率及严重程度

[矩阵量表题] *

选项	1	2	3	4	5
发生频率	○	○	○	○	○
严重程度	○	○	○	○	○

9. 请根据您的认识和经验，判断以下有关运动员自身风险的指标对于群众性体育赛事中发生伤害事故的影响程度。

[矩阵量表题] *

选项	可忽略影响	较小影响	中等影响	较大影响	严重影响
身体素质状况（疾病、伤残等）	○	○	○	○	○
参赛心态及情绪控制能力	○	○	○	○	○
突发情况处理能力	○	○	○	○	○
运动量及运动强度的适应能力	○	○	○	○	○

10. 近 10 年来，您认为群众性体育赛事中由组织管理风险所导致的伤害事故发生的频率及严重程度如何？

[矩阵量表题] *

选项	1	2	3	4	5
发生频率	○	○	○	○	○
严重程度	○	○	○	○	○

11. 请根据您的认识及经验，判断以下有关组织管理风险的指标对于群众性体育赛事中发生伤害事故的影响程度。

[矩阵量表题] *

选项	可忽略影响	较小影响	中等影响	较大影响	严重影响
赛事工作人员配备	○	○	○	○	○
安检、人流密度控制等安保风险	○	○	○	○	○
领导者决策能力	○	○	○	○	○
组织者风险防范意识	○	○	○	○	○
应急预案的完备性	○	○	○	○	○
交通拥挤、交通不便等问题	○	○	○	○	○

12. 近10年来，您认为体育赛事中由设备设施风险所导致的伤害事故发生的频率及严重程度如何？

[矩阵量表题] *

选项	1	2	3	4	5
发生频率	○	○	○	○	○
严重程度	○	○	○	○	○

13. 请根据您的认识和经验，判断以下有关设备设施风险的指标对于群众性体育赛事中发生伤害事故的影响程度。

[矩阵量表题] *

选项	可忽略影响	较小影响	中等影响	较大影响	严重影响
基础设施完备性	○	○	○	○	○
临时设施安全性	○	○	○	○	○
场地布置合理性	○	○	○	○	○
医疗救助设备完善度	○	○	○	○	○

14. 近 10 年来，您认为群众性体育赛事中由环境风险所导致的伤害事故发生的频率及严重程度如何？

[矩阵量表题] *

选项	1	2	3	4	5
发生频率	○	○	○	○	○
严重程度	○	○	○	○	○

15. 请根据您的认识和经验，判断以下有关环境风险的指标对于群众性体育赛事中发生伤害事故的影响程度。

[矩阵量表题] *

选项	可忽略影响	较小影响	中等影响	较大影响	严重影响
恐怖行为	○	○	○	○	○
蓄意破坏风险	○	○	○	○	○
宗教和民族问题	○	○	○	○	○
示威游行	○	○	○	○	○
疫情影响	○	○	○	○	○
自然环境风险	○	○	○	○	○

16. 对于防范体育赛事风险，您有什么建议与意见？

[填空题]